JN160262

中小企業は社長で決まる

中小企業診断士 味香興郎［著］

FSC 金融ブックス

はじめに

私は、戦後間もなくの昭和二六年（一九五一年）、一八歳で実業の世界に飛び込み、現在迄六五年間全力疾走してきました。

その間、日本は戦後の廃墟から、見事立ち直り、世界第二位（最近中国に抜かれて第三位）の経済大国となりました。正に奇跡です。考えてみると、その復興を支えて来たのは、名もない中小企業ではないでしょうか。図表1.に見るように、平成二四年経済センサスによると、日本の企業数は三八六万四千社。その内の九九・七％にあたる三八五万三千社が中小企業です。その内の八六・八％三三四万三千社が小規模企業（従業員が、卸・小売・飲食・サービス業では五人以下、製造業では二〇人以下）です。大企業は僅か一万六〇〇社、〇・三％です。これらの中小企業が下請け等として大企業を支えて発展してきたのです。

同じく、図表1.に見るように、企業数は右肩下がりで減少しています。中小企業も小規模企業も一〇年間で約二五％減っています。失われた二〇年と揶揄されていますが、バブル経済崩壊後の変動に追随出来ず、無念にも倒産、廃業した企業の多さを示しています。図表2.に見るように、経営者の高齢化と後継者難で廃業率が創業率を上回っています。現在、政府は創業支援の旗を振っていますが、中々欧米のように創業率は増えていません。

私が過ごしてきた六五年の内には、朝鮮特需、オリンピック特需、オイルショック、第二次オイルショック、バブル景気とその崩壊、リーマンショック、東日本大震災・原発事故等大きな景気の変動がありました。そうした変動の度に、中小企業は翻弄されて苦難を強いられ、倒産の憂き目に遭いました。振り返ってみると、私はそうした中小企業とずっと付き合ってきた一生でした。経営は「環境変化対応業」だと良く話すのですが、こうした景気変動の中で生き残りをかけて奮闘している中小企業をみていて、日々の備えの大切さを痛感する次第です。

図表１　企業数の推移

（単位：千社）

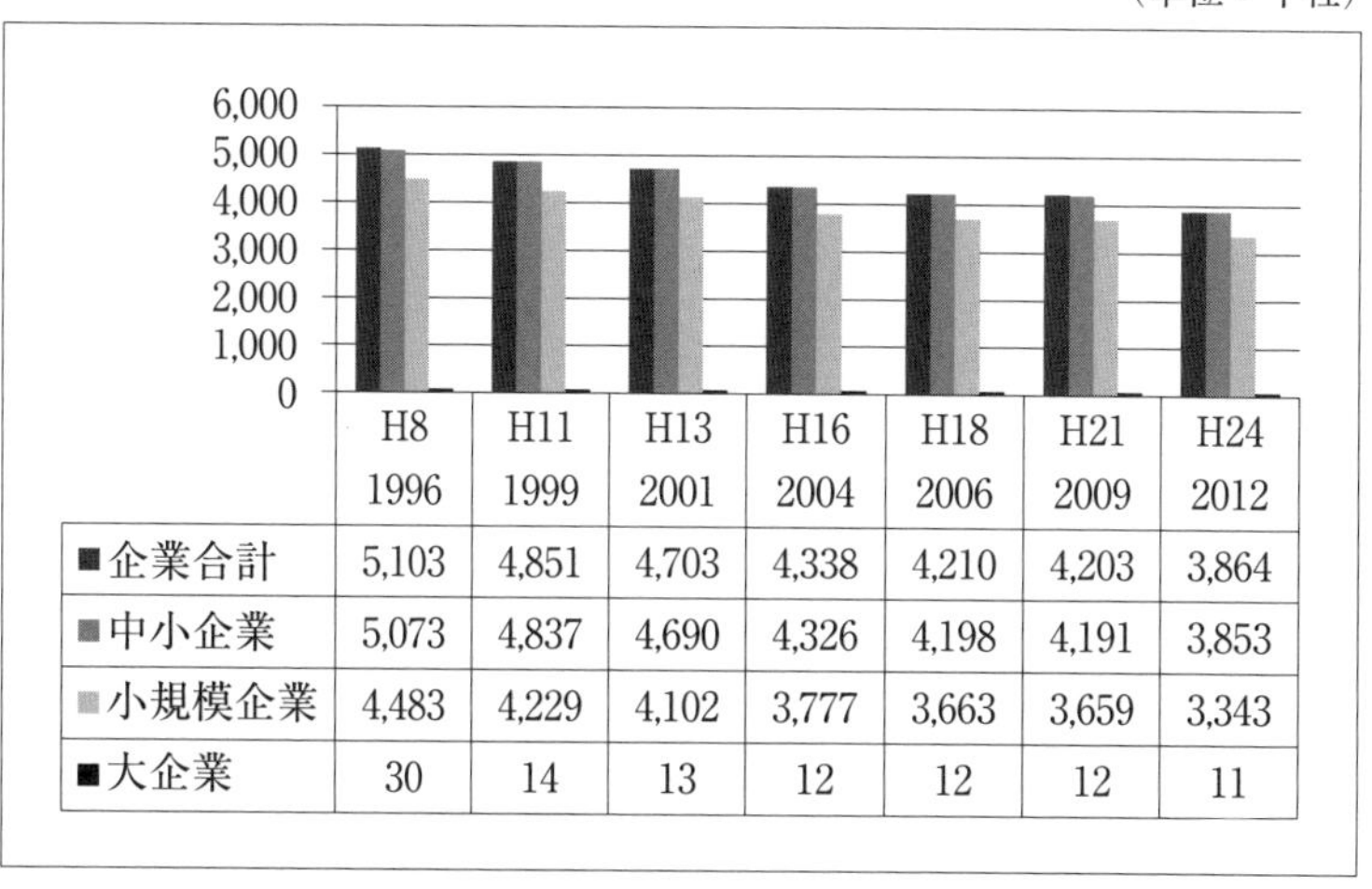

	H8 1996	H11 1999	H13 2001	H16 2004	H18 2006	H21 2009	H24 2012
■企業合計	5,103	4,851	4,703	4,338	4,210	4,203	3,864
■中小企業	5,073	4,837	4,690	4,326	4,198	4,191	3,853
■小規模企業	4,483	4,229	4,102	3,777	3,663	3,659	3,343
■大企業	30	14	13	12	12	12	11

出典：中小企業白書　2015年版

図表２　開業率・廃業率の推移（非一次産業、個人企業＋会社企業）

年	調査間隔（月数）	年平均 開業企業数	年平均 廃業企業数	開業率（%）	廃業率（%）
75~78	37	277,332	162,040	5.9	3.5
86~91	60	189,776	215,024	3.5	4.0
91~96	63	143,375	171,559	2.7	3.2
96~99	33	184,557	288,147	3.6	5.6
99~01	27	283,684	334,755	5.8	6.8
01~04	32	167,681	289,731	3.5	6.1
04~06	28	222,288	273,282	5.1	6.2
09~12	31	59,999	260,177	1.4	6.1

出典：中小企業白書　2015年版

〈目次〉

第一部　サラリーマン時代の体験が総ての基礎

序章

私の生い立ち

私の生い立ちについて述べる前に、私の姓「味香（あじか）」について、良く聞かれますので触れておきます。ずばり、そのいわれは謎です。桑名藩（藤堂高虎公）の賄い方であったのではないかという説もありますが、ルーツを探ったことはありません。いま全国で味香姓を名乗っている家族は一〇家族しかありません。全員同じルーツです。

私は昭和七年六月に三重県三重郡羽津村（現在は四日市市に編入）で生を享けました。この年には、犬養毅首相が射殺された五・一五事件が起き、上海事変が勃発しています。昭和一二年には支那事変勃発と、時代は戦争へと走り出し、世の中の景気はどん底だったようです。

昭和一四年に羽津尋常小学校に入学、二年後の昭和一六年、日本は大東亜戦争に突入しました。学校で出征軍人の壮行会が行われ、軍歌を歌いながら近畿日本鉄道の駅まで、学校を代表して歓送したことが昨日のことのように思い出されます。

昭和一九年二学期に赴任してこられた山口先生は物理に詳しく、韓国出身の金田君と一緒に松根油について研究せよと指示されました。（松根油というのは大戦中に航空ガソリンの原料として利用が試みられていたものです）。韓国というと頭の良かった金田君のことを思い出します。隣国韓国との関係がよくなることを願っています。

また、同年一二月に、山口先生から指示されて勉強に行っていた自転車屋で、東南海大地震に遭い、雨戸が頭上から雨のように降り、国道のコンクリートブロックが波打っていて、自転車に乗っていた人が動けなくなった光景はいまも目に焼き付いています。「災害は忘れた頃にやってくる」（寺田寅彦）を肝に銘じた次第です。

昭和二〇年四月、中学校に進学。国粋主義者の校長（その名も国保護先生）から陸軍幼年学校への進学を奨められ、校長室で一対一の特別訓練を受けました。この特訓は八月一五日の終戦後も一〇月まで続きました。このときの特訓の内容はなぜか全然覚えていません。自分でも未だに不思議です。

四日市市には海軍燃料廠があった関係でたびたび米軍機による爆撃がありました。とりわけ昭和二〇年六月一八日から一九日にかけての大空爆（B二九、八九機）によって、四日市市の中心部は焼き尽くされ、被害者五万人、死者八百八人の大被害を受けました。（ウィキペディアの記事による）私も自宅のちっぽけな防空壕から首を出して焼夷弾がシュルシユルという音を出して頭上に落下して流れていくのを目撃しました。まだ昨日の出来事のような感覚です。中学入学後、学校行事で農家への応援に駆り出された麦畑の中で、戦闘機グラマンの射撃を受け、畦に隠れて間一髪死を免れた体験もしました。

昭和二〇年八月六日、九日と広島、長崎に原爆が投下され、どうなることかと心を痛めていると、八月一五日になり、昼過ぎに玉音放送があるというので、家族が玄関に集まり、聞き取りにくいラジオ（鉱石ラジオ）で「終戦の詔勅」を聞きました。どこまでも晴れ渡ったカンカン照りの暑い日でした。

ほどなくしてアメリカ軍将校がジープに乗って村にあらわれ、チョコレート、ソーセージ、軍靴などをくれました。軍靴はサイズが大きくて足に合いませんでしたが、当時下駄と草履しか持っていなかったので大いに助かりました。

中学へ通うには電車通学（近畿日本鉄道二駅）が普通でしたが、私は鈴なりの満員電車（新聞・雑誌に出てくる中国・東南アジヤ等での鈴なりの列車・バスの光景を思い出して下さい．日本も同じでした）に乗るのが嫌で、片道四キロ余の距離を歩いて通学しました。（時には、自宅と学校の中間にある稲田まで、母親の手助けのためリアカーで人糞を運んだことを思い出しました。現在では考えられませんが、当時は、人糞は貴重な肥料でした）

徒歩通学は中、高校と六年間続けました。最初のうちは数人連れだったのですが、最後までやり遂げたのは私一人でした。朴歯下駄が二、三ヶ月で磨り減り歯の修理に追われたことを懐かしく思い出します。このときの体験が、現在も健脚でいられる基になっていると感謝しています。

昭和二一年三月に、アメリカ教育使節団による教育制度改革が行われ、現在の六・三・三・四制が施行されました。そのために、私は三重県立富田中学生として入学した旧制中学を、旧制中学付設の新制中学生として卒業し、昭和二三年四月に、制度が変わって誕生した新制四日市高校に入学し、昭和二六年三月に卒業しました。

当然のことながら、大学進学を望んでいましたが、七人兄弟の長男だったということもあり、涙を飲んで就職を選択しました。父親は中学中退で、学校ばかりが人生でないという考えを持っており、私の進学にも反対でした。その一方で、家計が苦しかったことも事実です。しかし、親の反対を押し切っても、苦学しながらも、何故進学しなかったのかと悔やむことしきりで、悩んだ時期もありました。

郷里　三重のこと

三重といえば「伊勢神宮」、伊勢といえば「伊勢商人」です。かの三井財閥を築いた三井高利は伊勢松坂の出身です。東京都内に「伊勢」と名のつく商店を沢山見かけます。私の中に「伊勢商人」の血が流れているのでしょうか。労を厭わず、良く体を動かす性分はそこから来たのかも知れません。

日本を代表する小売業のイオンの名誉会長岡田卓也氏は旧制中学の先輩です。幼少の頃、四日市にあったイオン発祥の店である「岡田屋」に母親と一緒に買い物に行った懐かしい思い出があります。同級生や後輩がイオンに勤務しており、何かと関係がありました。雇われ社長時代、幕張の本社ビルの工事もさせて頂きました。

また、岡田卓也氏の実姉である「小島千鶴子氏」が、卓也氏を助けて岡田屋・イオンを支えられたことは有名です。大正五年（一九一六）生まれの小島氏は引退後、三重県菰野町に「パラミタ美術館」を建設し館長をしておられました。同級生の導きで知古を得て、面倒を見た銀座の画廊の主人を紹介したこともあります。現在もご健在で、平成二四年（二〇一二年）、渋谷の画廊で自作の陶人形展を開催、収益金を東日本大震災の支援に充てられました。その際親しくお話を伺うことが出来ました。頭が下がります。

岡田屋の社訓が「大黒柱に車をつけよ」であることは、岡田卓也氏の著書を通して広く知られていますが、私は、「大黒柱に車をつけよ」とは環境変化に応じてスクラップ・アンド・ビルドせよとの教えだと解釈しております。岡田氏は環境変化を先取りして、今日のイオングループを作り上げられました。

イオンは、発祥の地である四日市市で近鉄四日市駅前店を畳み、郊外の東洋紡績の跡地（富田）と東亜紡績の跡地（泊）、更に数キロ離れた駐車場が確保できる郊外（小杉）に新店舗を作りました。駅前店の跡地は永らく空き地で、中心商店街の衰退を招いています。家訓を守られての決断だったのでしょう。中心市街地の衰退は全国的に問題となっています。

また日々見慣れて育った鈴鹿山脈、縦走もしたこともある山を越えれば「近江」です。「近江商人」出自の地です。「近江商人」といえば、「天秤の詩」を思い出します。私が雇われ社長時代に、新入社員教育の一環として必ず、この「天秤の詩」のCDを新入社員に見させせました。このCDは近江商人の息子が「なべ蓋」を天秤を担いで売りに出される物語です。「なべ蓋」は容易に売れません。しかし、売れるまで家に帰る事が出来ないのです。商売の原点である「心」を売るという体験をさせる物語です。また、近江商人の原点である「三方良し」（売り手よし、買い手よし、世間よし）の考えをよく講演などで使わせて頂きました。

高卒後上場企業へ就職

昭和二六年四月、一部上場企業N社に入社し、四日市工場に配属され、サラリーマン人生が始まりました。四日市工場で一〇年間勤務後、名古屋支店へ転勤、東海四県（三重、愛知、岐阜、静岡）下を駆け巡っていました。更に一〇年後、希望して関係会社へ移ったのですが一年でこの会社は閉鎖。またまた希望して東京支社へ転勤。都内を振出しに、千葉県駐在となり、自分の運転で、三年間で八万キロを走破しました。三年後、埼玉県駐在・代理店H社の社長となり、埼玉県下はもとより、群馬県下の取引先へも足繁く通いました。その後、東京の代理店O社の社長となり、得意先訪問・ゴルフ等で山梨県下へも足を伸ばしました。その後、茨城県土浦に単身赴任し、茨城県下の代理店等を統合し、販社を作りました。この会社の取引先が福島県、栃木県にもあり、関東地区は、神奈川県を除いて、全県駆け巡りました。この間のことは、本文の中に詳しく書きます。

なお、東京の代理店社長時代は、バブル経済最盛期で人材が不足し、採用が最優先課題となりました。採用活動を、部長は東北・北海道を、社長は九州・沖縄を分担、鹿児島県、宮崎県、熊本県、長崎県、福岡県、沖縄県内をレンタカーに乗って、高校、専門学校、大学巡りを三年間続けました。成果は、社員数が昭和五七年八月期二四名から平成二年三月期には四四名と倍増近くなりました。（因みに売上は一四・五億円から平成三年三月期には三八・九億円と二・六倍）

積極的に国内外を訪問

N社関連会社を卒業した翌年の平成一〇年、誘われて神奈川県の相模原市のコンサルファームに月一回ペースで通い、工場団地調査、労働力調査に等に参加して、現役時代関係の無かった神奈川県の一端を知ることが出来ました。

その他、親戚や社員の慶弔、会社の社員旅行、メーカーの全国大会、商工会議所・商店会の視察旅行、顧問先訪問等で各地を歩き、全国で足を踏み入れていない県は、秋田、香川県の二県のみです。

本書では、取り上げていませんが、個店の商売に密接に関係のある商店街・商店会に対しても深く関与してきました。全国の繁盛している商店街も見て歩きました。日本経済の成熟化の影響を受けて、繁盛している商店街は減少の一途を辿っています。しかし、ここでも繁盛している商店街には、必ず立派なリーダーがいます。組織はリーダー次第です。企業の場合と全く同じです。

振り返ってみて、日本全国が画一的になっているという感想を持っています。どの都市を尋ねても、駅前には、都市銀行支店の店舗、全国チェーンのホテルやコンビニ、スーパー等、大手自動車会社ショールームやガソリンスタンドが必ずあり、個性が見られなくなっています。情報化と高速道路や新幹線開通のなせる技でしょうか。大阪圏、福岡圏については殆ど仕事上の関係がなかったので発言の資格はありませんが、少なくとも中京圏と東京圏についてでは、その違いは、私には余り感じられません。感覚が鈍っているのかも知れません。

海外視察も積極的に行ってきました。アメリカ（ニューヨーク・ワシントン・フロリダ・タンパ・ロサンゼルス・サンフランシスコ・ハワイ）カナダ（トロント・エドモントン・ジャスパー・バンフ・カルガリー・バンクーバー等）、極東ロシア（ウラジオストック、ハバロフスク）。欧州では、オランダ、イタリア（ミラノ、ベニス・ローマ・フィレンチェ・ナポリ等）イギリス、フランス、アジア・オセアニアでは、韓国、台湾、ベトナム、マレーシア、ボルネオ（植林）、シンガポール、ニュージーランド、オーストラリア、インドネシア、インド（バンガロール・ニューデリー・デリー等、なお孫がインドのUWCマヒンドラ・カレッジに留学、もう一人の孫がTATA財閥系の会社に就職）、中国（深圳、北京、上海、大連、内モンゴル）等に足を運びました。

国内市場が縮小しているので、大企業だけでなく今後は、中小企業も海外に打って出なければ、座して死を待つのみとなることでしょう。その意味で、中小企業の皆さん、特に製造業の皆さんには、海外進出を奨めています。当然海外進出のお手伝いもしてきました。

本書執筆の動機

私が本書を書こうと思い立った動機は二つあります。一つは、どんな会社も「会社は社長次第」であることを、改めて中小企業経営者の方々に知って頂き、自らの足らない処を中小企業診断士等専門家の力を借りて補強する術を知って頂きたいという思いをまとめておきたいと思ったからです。

もう一つは、後輩診断士にお勉強（知識）だけではなく、生きた（実践的な）仕事をして、中小企業を支援して欲しいという思いを伝えておくことが、先輩診断士としての私の責務だと考えたからです。

この二つの思いは、一八歳のときから実業の世界に入り、今日まで六五年間、私を生かし、支えて頂いた多くの方々へのせめてもの恩返しの念からです。

本書の構成

本書の構成は三部構成になっています。

第一部は私のサラリーマン時代（四日市工場、名古屋支店、東京支社、関係会社・代理店の「雇われ社長」時代を含む）の体験の話を中心に、如何にして中小企業経営に関わったかについて記します。

第二部は、中小企業診断士（経営コンサルタント）として関わった事例や再生支援の事例を紹介しながら、単なる体験談にとどまらず、中小企業経営者が他山の石として学んで頂きたい経営課題にふれます。

第三部は、私がこれまで講演・講義・執筆などの機会を通じて発信した中小企業経営者へのメッセージをまとめています。

本書は、現在経営の任にある経営者の皆さま、これから創業される方、コンサルタントして経営者の相談にあずかっている中小企業診断士等の方々の参考となればと纏めました。この中から何か一つでも二つでも参考にして頂けたら幸いです。

第一章　工場勤務・支店勤務・新規事業会社出向時代の学び（昭和二六年～四七年）

一．工場勤務時代、夜間大学に通う

昭和二五年（一九五〇）秋、私は一部上場のN社の大阪本社で就職試験を受け、その翌日に合格通知の電報を受け取りました。入社前に会社の人事部長に、神戸の夜間大学で学びたいので、大阪本社か大阪支店への配属を希望する手紙を書きました。しかし、希望は受け入れられませんでした。

翌昭和二六年四月、私は四日市工場へ配属されましたが、勉学への志止みがたく、入社一年後に名古屋の名城大学第二商学部商学科（夜間）に入学しました。ちなみに名城大学は平成二六年（二〇一四）のノーベル物理学賞を受賞された赤崎修終身教授によって、その名を広く知られるようになった中部地区で健闘している総合大学です。今年も東海地区で二年連続して入学希望No．1の大学です。名城大学で学んだ日々は私の人生にかけがえのないものを与えてくれました。それは学業よりも友人でした。彼らとは現在も交友が続いています。

仕事と学業の二股生活は相応の苦労がありましたが、若かったゆえでしょうか、やり遂げた満足感のほうが大きく残っています。午後四時の終業と同時に会社を飛び出し、自転車で近鉄四日市駅に駆けつけ、そこから名古屋駅へ、名古屋駅で名鉄電車に乗り換え、枇杷島にあった教室へ六時半に到着。授業を終え、四日市市の自宅への帰宅は午後一一時という日課が続きました。当時大学では学園紛争が起っており、推されて学生会の役員となり、学校改革に加わったことも懐かしい思い出となっています。

私が働きながら大学に通ったのは、いうまでもなく勉学への志が強かったからですが、私の負けず嫌いの性格も多分に影響していたようです。余談ですが、私が入社した会社は財閥系の会社で、高卒と大卒の待遇差は大きく、その格差は在社中変わることはありませんでした。大卒何するものぞ、という思いは今も続いています。

その思いはともかく、仕事と学業を両立させた多忙な日々は、昭和三一年（一九五六）三月の卒業式で学生を代表して修了証を受け取ったことで報われました。

昼間の大学に行けなかった反動というわけではないのですが、三人の娘は皆、最高学府まで通わせました。安倍内閣は女性支援を打ち出していますが、以前から、私は学歴だけでなく、男女の性差による能力差などないと考えている一人です。

横道にそれてしまいました。話を戻します。昭和二六年四月、本社での集合研修（大卒一八名、高卒六名）を終えて、四日市工場へ配属されましたが、配属先が厚生係と言われたので、人事課長に「せっかく、製造工場へ配属されたのだから、生産現場へ出して下さい」と談判し、要望が受け入れられました。

かくして配属されたのが、第二生産部包装係でした。包装係は、生産された板ガラスを梱包するのが業務です。当時、板ガラスは木箱に詰めて出荷していました。包装係内には、木箱を作る部門と板ガラスの間に紙を入れる部門（主に女性が担当）と梱包する部門の三部門がありました。人手が頼りの仕事です。包装係には男子一〇〇名、女子五〇名、計一五〇名の従業員を抱えていました。この人数を四〇代後半の係長、筆頭係員、男性・女性事務員各一名、そして坊主頭だった一八歳の私の五名でまとめるのです。

係長は定年（当時は五五歳）を前にして、使い勝手がよかったのか私を手放そうとしませんでした。私の後から配属になった係員が二、三年で異動していったのに、私は結局七年間同じ職場で働きました。

労務管理が主な仕事でした。七年間の間にはいろいろなことがありました。係長ボイコット問題、職長吊るし上げ事件、職場内恋愛心中事件……等々、振り返れば、私は四日市工場で労務問題の基礎を学ぶことが出来ました。

一方で、当時流行っていた品質管理の勉強を東大出の社員といっしょに勉強することもできました。

また、包装改善の必要性を主張されていたM課長の指示で名古屋の工業技術指導所に通い、梱包の改善研究に取り組みました。日本陶器、日本碍子、ブラザー工業等の技術者で組織する「包装問題研究会」に参加し、知見を広めることが出来ました。私は技術者ではありませんが、技術者に混じり、研究所で研究発表をしたことを思い出します。

朝鮮戦争、さらにベトナム戦争の現場に送る「完全防水包装製品」を英語のスペックを読んでものにし、米軍検査官による厳しい検査をパスさせることにも成功しました。

一言でいえば、入社してからの七年間は楽しい仕事の日々でした。

昭和三三年(一九五八)、包装係から業務課製品係に異動になりました。ここで、私は全国にある代理店への出荷および世界中に送り出す輸出品の生産手配、船積み業務を経験しました。国内では原町(東日本大震災で被害を受けた)、横手、大河原、函館、小樽等々、海外ではシンガポール、チッタゴン、ムンバイ、バンクーバー、タンパといった業務でかかわった地名が今も蘇ってきます。国内のみならず、海外へ目を向けるチャンスを与えられました。

伊勢湾台風の体験

製品係に在籍中の昭和三四年九月二六日、あの「伊勢湾台風」が来襲したのです。工場の岸壁は壊れ、道路は寸断、近畿日本鉄道は不通(復旧までに一年間かかった)となりました。最低気圧八九五ヘクトパスカル、最大風速七五メートル、死者四六七七人、行方不明者四〇一人という大型台風でした。(ウィキペディアによる)

当日、上司からお前は職場に残れと指示され、午後七時ごろ食堂に行き食事をした帰りには、すでに通路は足首位まで浸水していました。午後八時頃、上司の指示で、工場の近くにあった社員社宅へ救援に出掛けたところ、下から沸いてくる水が畳を持ち上げ、タンスがクルクルと転倒するのです。両手で押さえても、手の施しようもありませんでした。水の力の凄さをまざまざと体験させられた忘れられない日となりました。

台風はますます激しくなり、一階は既に水浸し、木造三階建ての工場事務所の三階に避難しました。ところが、近くにあった保安所と自転車置き場の建物が壊れて海水と共に工場事務所の建物にドカンドカンと打ち付けてくるではありませんか。三階建ての建物も倒壊するのかと恐怖に怯えながら、ひたすら台風が通過するのを待つしかありませんでした。

翌二七日朝は、台風一過、カラリとした快晴でした。道路・列車は当然の如く不通。消費地名古屋への輸送手段確保の為、N業務課長は艀（はしけ）での輸送を考えられました。課長のお供をして艀（積荷の珪砂を乗せたままの）に乗って名古屋に向かいました。艀会社と交渉し、艀を一〇隻確保してとんぼ帰りをし、課長はその足で夜半ですが工場次長宅を尋ね、業務報告をされました。仕事はこうしてするもんだと色々と学ぶことが出来ました。

その翌日より濡れた板ガラスを艀で名古屋に向けて出荷する係となりました。一週間もすると、濡れた板ガラスは洗浄しなければ出荷できなくなり、洗浄作業が夜を徹して始まりました。九州若松工場への大型船による輸送作業も開始されました。

私は、これらの手配をあてがわれた大学出の新入社員二名を使ってこなしました。こうして当時を思い出しながら書いていますが、実によい体験をさせて貰いました。おにぎりをつくり、一升瓶を抱えて現場に行き、みんなを鼓舞して徹夜仕事をやり抜いた経験は、人を使う（苦難を共有し、乗り越える）秘訣を学んだ得難い機会でした。

二．名古屋支店で営業の醍醐味を知る（昭和三六年～四六年）

昭和三六年四月、希望していた名古屋支店に配転されました。特品課（強化ガラス、複層ガラス、自動車ガラス等の特殊なガラスを扱う課）に配属され、自動車ガラスを担当しました。この部署は自動車メーカーとの販売窓口で、トヨタ自動車、川崎重工業（バス事業部）を担当しました。忘れられないのは、トヨタ自動車へ納品したクラウンのベンチレーター（当時の車には運転席横に三角形の小窓があった）に使うガラスの形状が規格通りでないというクレームがつき、倉庫の片隅で、寒さに震えながら全数検品をした覚えがあります。規格に厳しいことを、幾度も経験させられました。多くの中小の下請け企業は、こうした厳しい試練で鍛えられ、今日のトヨタの世界一品質の良い車作りに貢献してきたのです。しかも、毎期コストダウンということで納入価格が安くなって行きました。しかし、増産に次ぐ増産で、コストダウンを吸収できたと認識しています。大企業を支えているのは中小企業である良い一例です。

豊田市の隣の岡崎市には、徳川家康を支えた三河武士の血を引いた末裔が多く住んでおり、トヨタ自動車軍団を支えています。トヨタ繁栄の陰にはこうした目に見えない歴史が刻まれていると考えられます。

私は、一年で自動車担当から建築担当に替わり、トヨタ自動車を建築の面で担当しました。

この頃、トヨタ自動車は相次いで工場を増設していました。元町第二工場、上郷工場（三八年一〇月竣工）、高岡工場（四一年三月竣工）、三好工場（四二年六月竣工）堤工場、明智工場、田原工場と続きました。豊田自動織機、アイシン精機、日本電装等関連会社も建設ラッシュでした。

トヨタ自動車はA社との関係が強く、N社は指定会社外で、仕様書にN社の社名は書き込まれていませんでした。なんとかトヨタ自動車に食い込みたいと、建築課へ日参しました。顔を合わせるまで何時間も粘りました。その甲斐あってか、ようやくOKをもらうことができました。この過程を通して、施主との交渉（ブランド指定）のコツを学ぶことができました。

日参までしたのには理由があります。トヨタの地元刈谷市に昭和三二年創業のT板硝子という硝子工事店があり、代理店に多額の負債を作りました。営業力はあるのですが社内体制が出来ていませんでした。私にこの会社の体制作りの任務が与えられました。社長に

「正しい見積りの仕方」、奥さんに「経理の仕方」を教えました。考えてみるとこれが筆者のコンサル第一号だったのです。（余談ながら五年後に負債は返済されました）

社長の営業力は抜群でトヨタ自動車中興の祖と云われている石田退三社長（昭和二五年～三六年）に見込まれ、トヨタ関係のガラス工事は大手五社（鹿島、大成、清水、竹中、大林）のどのゼネコンであってもT板硝子に発注されるのです。それなのにN社の製品が使えないという事態だったのです。

あまりにもトヨタ自動車の工場増設が急ピッチで進んだため、ガラスの取付職人が不足し、大手ゼネコンの現場責任者より、直接メーカーの担当者である私に催促の電話がかかるようになりました。冬場であったので、東北、北海道では、職人は閑だろうと考え、取引店を通じて、職人に働きかけ、愛知県の豊田市周辺の現場へ応援に来て貰うという策を考え、実行に移し事態の打開を図りました。何故人手が掛かったかというと、三ミリ厚の三〇センチ角位の小さな硝子が使われており取付手間が掛かったのです。建築課長にガラス寸法を大きくするよう進言してもコストが増えるといって取りあって貰えませんでした。コストにシビアーな会社だなという感覚を持ちました。

このころは、強化ガラス、複層ガラスといった特殊ガラスはまだ市場の認知度が低く、これらを設計事務所・工務店・建設業者へPRする必要がありました。昭和四一年(一九六六)に発売した、イギリスのビルキントン社から技術導入して開発したフロート法による磨き板ガラスに代わる「フロートガラス」についても同様にPRが必要でした。

そこで、私は、重い映写機を携え、三重、愛知、岐阜、静岡四県下の設計事務所・工務店・建設業者を軒並み訪問し、所員に集まってもらい技術説明会を開催しました。また、各地で行われていた建材説明会にも参加し、「N社」の売り込みを行いました。

「フロートガラス」の出現で大型ガラスが安く出来るようになり、施行法も進歩し、私の活動範囲が広くなりました。御木本真珠の「ガラスボート」、水族館への強化合わせガラスの採用、競艇場の投票所の鉄製フェンスをガラスにする実験、大型ガラスの機械施行等々、私自身は技術屋ではありませんでしたが、そのころは技術屋と全く同じ働きをしていました。楽しい仕事でした。

良く名古屋は商売がやりにくいと言われていました。現在もそうなのでしょうか。私は隣県の三重の出身であるので、何ら違和感なく、名古屋市場に溶け込めました。

昭和三七、三八年という年は、東京オリンピック開催(昭和三九年)を前にして中京地区も一大建築ブームに沸きかえりました。中部電力本社ビル、近鉄ビル、名鉄ビル、日銀名古屋支店、興銀名古屋支店、富国生命名古屋ビル、中日ビル、東海ビル、愛知県体育館、愛知県庁舎増築、名古屋市庁舎増築、愛知がんセンター新築工事、三重県庁舎、岐阜県庁舎、静岡西武百貨店等々が次々と建設されました。大げさではなく、私は、東海四県下の大型建築物にはほとんど関与しました。東奔西走、本当に充実した月日でした。

しかし、オリンピックという大きな宴の反動から昭和四〇年には、受注が激減、設計業界、ゼネコン業界で責任の押し付け合いやら分裂騒ぎ、汚職摘発などさまざまな問題が多発しました。人間の醜さをいやというほど見せつけられました。

三．新規事業会社へ出向、飛び込み営業の貴重な体験（昭和四六、七年）

どんなに充実した日々を送っていても、同じ職場で十年も働いているとマンネリ化してきていると自覚したので、上司に職場転換の希望を申し出ました。

昭和四六年（一九七一）四月、ＦＲＰ（ガラス繊維強化プラスチック）を扱う新設の子会社Ｎコンポ社への転籍がかないました。ＦＲＰとは、簡単にいえば、ガラス繊維などの繊維をプラスチックの中に入れて強度を強くさせた複合材料です。

Ｎ社幹部が、ヨーロッパでアクリル成形機とＦＲＰの連続成形機を購入して帰国し、その機械を使って製品をつくるというプロダクトアウトの発想で出来た会社で、マーケットインの発想が乏しい会社でした。昭和四四年（一九六九）一〇月にスタートし、昭和四七年（一九七二）三月休眠というわずか二年六ヶ月の短命な会社でした。何故、成功するまで頑張れなかったのか、今でもこの決断は誤りであったと考えています。

N社としては、近い将来、ガラスの需要減が予測されていたので、事業の多角化を急ぎ、この会社を設立し優秀な人材を注ぎ込みましたが、所詮、会社がスタートしてから何をつくるかを検討するような次第で、従事した社員は懸命に努力しましたが、努力が報われませんでした。しかし四〇年以上経った今も、ＯＢが二年ごとに集まって旧交を温めています。

そのＦＲＰを扱う新会社の大阪と東京に支店があり、名古屋支店を立ち上げる仕事を任されたのです。すぐに増員するからとりあえず一人でやれとの指示でした。

取扱商品はアクリル成形品にＦＲＰを裏打ちしたユニットバスとＦＲＰの筒。筒は浄化槽、水タンク等に加工できますが、まだ商品として未成熟だったので他社品と品質的に劣り、売りにくい商品でした。

私は設備業者に飛び込み営業をかけ、新規顧客の開拓を展開しました。それまでのN社という大きな組織のブランドを背負った営業と、社名も知られていない新設会社の営業との差を嫌というほど体験しました。しかし、営業マンの力量がそのまま反映してしまう飛び込み営業という貴重な体験をすることができました。

その後、知り合いのゼネコンの所長の現場に六台のユニットバスを売り込み、採用していただきました。工事は大型クレーン車を使って現場施工を行うものでした。そのころから四〇数年が経過していますが、その後このユニットバスはどうなっているか気になっています。

初めての仕事なので、失敗も経験しました。ＦＲＰの筒を加工した浄化槽を納品したのですが、最終段階で、県ごとに形式承認が必要だということが判明し、慌ててＭ県庁に手続きをして承認を取ることが出来ました。県の役人との折衝、現場施工等ここでの仕事でも貴重な体験ができました。

下請け加工業者を見学に行ったとき、庭先に「ボウリング場のシンボルピン」が転がっているのを発見しました。折からのボウリングブームで「これはいける！」と、ピンときました。当初は看板屋などに単体で売りこんでいましたが、付加価値が少なく（一本二〇万円〜三〇万円）あまり儲かりませんでした。

そこで、直接ゼネコンと契約し、避雷針も取り付けて施工まで請け負うことにより一本一五〇万円〜二五〇万円の売上を実現しました。結果的に都合六〇本以上を売り上げ、社内では「ピンのあじか」と揶揄されました。

こうした努力によって、私一人の名古屋支店の売上が、七人もいた東京支店の売上高を上回りました。売り込み、納品、請求、回収まですべて一人でこなしたことは、現在の仕事にも大いにプラスになっています。自分自身に自信をもつことができたからです。

ところで、会社のほうは人員の補充を約束しておきながら、一年後には会社自体が事業閉鎖（休眠会社）となってしまいました。

私に目をかけてもらっていた上司の専務から「おまえの希望する職場へ行かせてやる」と言われて、東京勤務を希望し、東京へ赴任しました。私はこのとき四〇歳になっていました。

第二章　四〇歳で東京支社へ転勤　オイルショックの後始末（昭和四七年～五七年）

一・ルート販売課長となる

昭和四七年（一九七二）四月、私は東京支社に赴任しましたが、時期遅れの異動だったので、一〇年以上従事した特品課（建築硝子課と呼称変更）へ行くことができず、ルート販売課へ配属されました。

ルート販売は初めての経験で、しばらくは都内の代理店（N社では代理店のことを取引店という）数店を担当しました。そのうちの一社が後に社長となった「O株式会社」でした。

昭和四八年（一九七三）一〇月、第一次オイルショックが日本を襲いました。ガソリン、石油、灯油はもちろんのこと、トイレットペーパーまでが店頭から姿を消した光景を覚えておられる方も大勢いらっしゃるでしょう。

この前代未聞の狂騒に板ガラス業界も巻き込まれ、大混乱に陥りました。出荷割当という終戦後行われた制度が復活し、騒ぎが収まったのは一年後のことでした。

二．C県駐在となる　三年で任務達成

昭和四九年（一九七四）九月、低迷著しいC県市場を立て直す使命を帯びて、C県駐在を命じられ、単身赴任でC市に住み込み、不退転の決意で仕事を始めました。当初は二名、最終的には四名の人員で市場開拓に取り組みました。

私はトヨタ自動車担当になった昭和三六年に、自動車会社を担当するのであれば車の運転が絶対必要だと考えて運転免許を取得しましたが、一三年間ペーパードライバーで過ごしてきました。C県駐在を機にペーパードライバーを返上し、社用車でC県内を走り回りました。県内を走破した距離は三年間で八万キロにもおよびました。走行距離が伸びると

ともに、業績も向上していきました。

しかし、ただやる気と負けん気だけで県内を奔走したわけではありません。効率的な成果に結びつけるために「ランチェスター戦略」の大家田岡信夫先生（故人）の指導を仰ぎ「弱者の戦略」を展開しました。

ランチェスター戦略は元々、軍事戦略理論でしたが、田岡信夫先生が販売競争に勝つための理論と実践を研究し、ビジネス戦略として体系化されました。極めてシンプル化していえば、ランチェスター戦略には「強者の戦略」と「弱者の戦略」があります。強者とは市場地位が一位の会社で、二位以下はすべて弱者となります。この強者と弱者の地位は常に流動的です。つまり、今日の弱者が明日は強者になり得るのです。強者の戦略はミート戦略（同質化）が基本となり、弱者の戦略は差別化が基本戦略となります。そして、強者と弱者にはそれぞれの戦い方があります。

私たちは当然弱者の戦略を取ることになります。その考え方に基づいて東京支社の全職員を動員し、C県下の硝子店、サッシ店、建材店、建具店などガラスを扱っている店をすべて漏れなく調査して「マーケットマップ」を作成、重点攻撃目標を定め、戦略・戦術を実行に移しました。

その結果、一二％だったシェアを三年間でN社全国シェアー並の約三〇％まで拡大することに成功しました。常務表彰を受け、報奨金はその場で部下に渡しました。

三、突然、関係会社の社長指名（駐在兼務）（昭和五一年五月～五二年二月）

N社と都内全取引店の出資で、取引店の従業員不足対策のためにつくったガラスの切断加工会社の事業所がC県にあり、経営がうまくいっておらず、従業員が二四名（傭車五台を含む）で月の売上高が一四〇〇万円、一人当たりの売上が六〇万円前後という低迷ぶりでした。先輩が専務として経営を任されていたのですが、大会社の方式をそのまま取り入れる経営を行っていました。賄い付きの社員食堂を抱えるなど、月に五〇〇万円もの赤字を垂れ流していました。

経営改善を図るために、この事業所を本社（東京芝浦）より分離独立させ、別会社として再建を図ることになり、私は新会社設立の事務方をしていました。新会社は、昭和五一年（一九八六）五月一日スタートを期して準備を進め、社長候補者も決まっていたのですが、その候補者が直前になり社長就任を辞退、会社を退社してしまったのです。

そこで、社長職のお鉢が私に回ってきたのです。それが、なんと四月二五日のことでした。私は会社の内情は熟知しており、腹を括って社長就任を受託しました。ゴールデンウィーク明けより直ちに始動、傭車（外注の運送会社）五台の解約、パート三名の解雇を宣言しました。

　従業員の動揺は大きく、自家用車をハンマーでたたいて穴を空けられるというアクシデントも起きました。人員整理はやむ得ない処置であったと、今でも考えています。ただし、私の会社再建人生で「首切り」をしたのは、このときが最初で最後になりました。その後は、一方的な解雇通知ではなく、自発的に自然に退社して行くように仕向け、遺恨が残らないようにしています。それには理由があります。N社で人員整理をしたとき、課長として部下に会社を辞めるように説得したことがあるのですが、あの時の「嫌な感覚」が鮮烈に心に残っているからです。

　当時、C県内の大型工事は、ほとんど大手ゼネコンが施行しており、板ガラス工事は大手ゼネコン出入りの都内のガラス工事業者が請け負っていました。当然のことながら、板ガラス工事会社はガラスを都内より建設現場に運んで来ます。私は、そこに目をつけました。県内に建設中の工事現場へ板ガラスの原寸（現場でサッシへそのまま施工できる大きさにガラスを切断したもの）供給をガラス工事業者と交渉し、請け負ったのです。

　また、C市・I市周辺に限定していた板ガラスの販売エリアを県内一円に拡大した結果、七月の売上は約三〇〇〇万円となり、月次損益は黒字となりました。

受注がなく、敷地内にはペンペン草もなかった状態から、一転して残業に次ぐ残業、時には徹夜に近い作業となったのです。それでも、従業員は文句をいわず、喜んで協力してくれました。まさに奇跡的な再生でした一〇カ月後には、社長を後任者にバトンタッチして、C県駐在の本来の業務に戻りました。

四．サッシ直販会社社長兼務、七ヶ月で軌道に乗せる（昭和五二年四月～一〇月）

当時N社では、サッシ製造へ進出する計画を進めていました。そのために昭和五一年四月に、工務店へサッシを直販する会社（実験店）をI市に設立しました。社員は六名、先輩が社長をしていましたが、経営は軌道に乗らず、初年度に八〇〇〇万円の赤字を出しました。この社長が昭和五二年（一九八七）三月になって社長職を投げ出し、退社してしまいました。

またもや私に白羽の矢が立って、同年四月より社長を兼務することになりました。会社の実情は調べるまでもなく、販売戦略が間違っていることがわかっていました。それは、販路を都内、柏市等、本社より何一〇キロも離れた処に求め、効率が悪いことと、工務店等との打合せが悪く、クレームが多発し返品が多いことでした。

そこで本社を中心に半径五キロ圏内の工務店を悉皆調査し「マーケットマップ」を作り、

近場の工務店への売り込みを図り、五ヶ月後には月次損益を黒字に転換させることができました。そして、七ヶ月後に次の社長にバトンタッチしました。

この二つの事例は、まさに「会社は社長次第」であることを実感した好例でした。戦略・戦術の使い方次第で、わずか数ヵ月で赤字会社を黒字会社へ転化させる、私の経営コンサルティングの原点は、ここにあるといえるでしょう。

五. C県からS県の駐在へ転身（昭和五二年一一月～五三年一月）

昭和五二年（一九七七）一一月、私は、C県での成功が評価されて、C県同様に市場シェアが低迷していたS県のフィールドマネジャーとして、S県駐在を命じられました。私とスタッフ二名の三名体制でした。

S県においても、成功したC県方式を用いて、支社から応援を得て、硝子店、建具店、建材店等の全店調査を行い、「マーケットマップ」を作成し、拡販の戦略・戦術を打ち立てました。

三ヶ月後後事をM君に託してあとで述べるH社の社長となりました。

六．代理店H社へ出向、「雇われ社長」となる　四年半で卒業（昭和五三年～五七年）

（1）借金六億円のH社の再生に挑む

S県H市にメーカーの取引先（代理店）で、明治五年創業の老舗建材業者のH株式会社という会社がありました。H社の社長は名門のW大学出身で、地元の商工会議所の会頭をされていましたが、四六歳の若さで急逝し、後継社長にK女子大出身の奥さんが就任していました。オイルショックの煽りで売上先の倒産などにより売上が低迷し、多額の不良債権が発生、売上高一〇億円に対し、借入金が六億円（月商倍率七・二）という過剰債務を抱え、青息吐息、潰すか再生させるか議論の末、メーカーが過半を出資して子会社化し、社長を派遣して再生することになりました。

昭和五三年（一九八七）一月、東京支社長より、私に社長として二年半で再建せよとの指令が下り、前記のH社への社長就任が決まりました。

ところが、就任直前の一月末になって、元社長（創業者夫人、オーナー）が自主再建すると言い出して、私は出社できなくなりました。メーカーと元社長との話し合いがついて、私が出社できるようになったのは、同年二月一一日のことでした。

メーカーと元社長との話し合いが行われていた間、私は従業員の給与台帳を入手し、新しい給与体系を組み立てました。なぜ最初に給与体系に手をつけたかというと、給与規定はあるにはあったのですが、実質的にはまったく機能していなかったからです。

たとえば、同じ市内から通勤している従業員の通勤費が一千円から二万円というように元社長の気分次第で決められていたのです。

さて、出だしにゴタゴタがありましたが、社長として就任した私に与えられた時間は、二年半という短い時間に変わりはありませんでした。無駄なことをしている余裕はありません。私が実践したことを時系列に沿ってお話しましょう。（最終的には二年半では済まなかったのですが）

（2）社長として取り組んだ施策

① 社員との個別面談（就任初日）

就任初日に、ラジカセにラジオ体操のテープを入れて持参し、全従業員を集合させ、まず体操をやらせました。その後、背丈の順に一列に並ばせ、前の人の肩を揉ませ、回れ右をさせ、同じように前の人の肩を揉ませて、従業員間のスキンシップを図りました。

それから就任あいさつ。

「おれについてこい。必ず良い会社にする」と覚悟のほどを宣言し、二月末の給与を改定することを告げました。

「給与を決めるのは元社長ではなく、この私である。営業利益が黒字になったら、賞与を出す」と約束しました。（営業利益段階で黒字でも、支払利息が多い―当時の借入金の金利は約九％、当社の支払利息額は約六〇〇〇万円―ので経常利益を黒字化するには時間がかかることが分かっていました。）

そして、朝礼の直後から一刻も早く従業員の名前と性格をつかむために、個人面接を行いました。（履歴書は管理不充分で全従業員分揃っていなかった）その場でいろいろ会社の悪い面を知ることになりました。頭の黒いネズミ（悪いことをしている従業員）がいることも分かりました。

私は、全従業員に悪いところはすぐに直すと約束しました。これが出社第一日目の仕事でした。問題点が浮かび上がってきたので、あとはどこから手をつけるか優先順位を決めるだけでした。

② 得意先訪問（就任二日目より）

就任翌日より、主だった得意先訪問をやりました。従業員と同様に、得意先からも忌憚のない問題点の指摘をしてもらいました。配達の間違いが多い、遅い、電話の対応が悪いといった初歩的な問題が過半を占めました。私は「半年待ってほしい、必ず改善する」と約束しました。得意先訪問によって、得意先に対してやるべきことがはっきりと分かりました。

元従業員である先輩社員が独立してガラス店を開店していましたが、殆どがH社を離れて取引がありませんでした。会社を憎んで離れて行ったわけではなかったのです。店が乱れていて将来に不安を感じたから離れて行ったのです。これらの店へも訪問し社長就任の挨拶と取引再開を要請したところ、喜んで協力してくれました。さらにかつて取引のあったロスト店（取引の切れている店）との取引再開に尽力した結果、売上も徐々に回復軌道に乗って行きました。

③ 経営理念の明示（就任一週間）

この会社には経営理念、社訓らしきものが何もありませんでした。会長は（メーカーとの話し合いで元社長は会長のポストに就いてもらっていた）会社が悪くなったのは、メーカーの支援が足りなかったからだと常に主張し、自らの非を決して認めようとはしませんでした。

私は、こうした考え方、悪しき社風を改善するために、福沢諭吉の「天は自ら助くる者を助く」より援用し、「自助」を経営理念と定め、前社長の主治医群馬大学の七条教授（アレルギー研究の大家）に墨書して頂き、壁に張り出し、従業員には朝礼などで意味するところをくり返し説示しました。

④　部課長と営業マンの能力把握

従業員の能力を客観的に評価することも喫緊の課題でした。私は部課長および営業マンに筆記による試験問題を出しました。この方法で、個々の能力を把握し、足りないところを基本的なことから教えるようにしました。

営業マンには、夕方は帰社時間がバラバラなので、朝七時から勉強会をやりました。能力のない部課長の配転を行ったことは言うまでもありません。

⑤　セールスの安売り防止（就任一ヶ月）

会社の近くに、都内T市より「業界の暴れん坊」として知られている「Y社」が進出してきて活発に営業活動を展開していました。会長はセールスマンにY社に負けるなとハッパをかけていました。セールスは利益を無視して、安売りに走っていました。売上だけを管理していたからです。中には原価を割って売る者もいました。そこで、安売り防止のため、伝票一枚一枚の粗利を計算し、利益を確保するように一から指導し、利益確保に向かわせるように仕向けました。

⑥　在庫削減（就任二ヶ月）

次に手を付けたのは、六〇〇坪の倉庫からはみ出している約二億円（月商の二・四ヶ月分）もある過剰在庫の削減でした。仕入を減らし、不良在庫を処分したり、メーカーへ返品したりして約六〇〇〇万円まで減らした結果、倉庫内はガラガラとなり、運動会ができる程に広くなりました。また、社員にはお金が在庫という形で眠っていることを教えました。在庫が減ったお陰で、発注間違い、クレーム等で返品されてきた品物を置く場所ができ、返品理由をチェックし、再発防止を図ることが出来るようになりました。

⑦ 家業と企業の分離（就任三ヶ月）

中小企業経営者に見られる弊害が、この会社も蝕んでいました。公私混同です。会長宅の電気・ガス・水道代が会社から支払われていました。会長に公私の別をつけるようにいくら言っても聞き入れてもらえないので、私が水道局、電力会社、ガス会社に行って名義変更を行いました。

家業と企業の分離ができていない経営者を説得するのは、実に厄介なことです。長年の慣習を切り替えることは難しいということも、ここで実感しました。外車のクライスラーも売却しました。

⑧ 経費削減（就任四ヶ月）

車のことでいえば、多くの社員が社有車を通勤に使っていました。営業部長はマツダのロータリーエンジン車「ルーチェ」を与えられていました。会社の敷地内にガソリンスタンドがあり、社有車には自分でガソリンが補給できるようになっていました。

赴任四ヵ月後の五月のゴールデンウィーク前にスタンドを見ていたら、全員がガソリンを満タンにして帰るではありませんか！

私は連休明けの朝礼で、社有車での通勤を八月以降禁止する、七月末までに通勤を自転車にするなり、単車にするなり、新たに自動車を買うなり各自で通勤手段を考えよと訓示したのです。なんとこの措置によってガソリンの使用量は半減しました。これを契機に、あらゆるムダの削減に取り組みました。

会長はそれまで夕方になると社員の誰彼をかまわず、行き着けのレストランで飲食を振る舞っていました。セールスにはゴルフ場の会員権まで与えていました。それが、セールスのモチベーションアップになると考えていたようです。私はゴルフ禁止令を出しました。お付き合いの業界でのゴルフも例外ではありません。もちろん私もゴルフができなくなりました。

⑨　支店を分離独立させる（就任六ヶ月）

さらに、千葉県にあった支店は利益を出していたので、これを第二会社として独立させました。新会社に銀行で借入をさせ、土地・家屋を買い取らせてその資金を本社に入金させ、本社の資金繰りの足しにしました。

同じ社長間の売買はできないので、その間新会社には仮の社長を立て、一年後に私が両社の社長を兼務しました。両社間の距離は一五〇キロあり、車で月に二、三回往復しました。

当時、新会社の開店は朝八時。前夜東京の自宅に帰り（当時埼玉へは単身赴任）、朝六時に家を出て八時の朝礼に間に合わせました。私は朝礼を非常に重視しており、一日たりとも朝礼をやらない日はありませんでした。こうした生活が四年半続きました。

⑩　決算期変更

私は、税理士は企業のコンサルタントであるべきと考えています。何故ならば、企業の経営活動の成果である数字の総てを把握できる立場にいるからです。当社の担当税理士に面談したところ、不適格と判断、直ちに解約、新たに公認会計士と顧問契約を結びました。その公認会計士と話し合い、決算期を変更し、不良債権、不良在庫も落とせるものは落とし、過去の膿を全部吐き出しました。そして、自分が社長になってからの改善成果がわかるようにしました。この手法は事後いろいろなところで実行しています。

⑪　借入金の削減（就任半年以降）

財務面ですぐに対応しなければならなかったのは、一一行から借りている約六億円の借金の整理でした。

幸いなことに会社および会長個人も不動産を所有していたので、これらを売却して現金化しました。最初に手がけたのは都内にあった二つのマンションの売却です。リフォーム業者も知り合いの業者を手配しました。ついで社宅の売却です。入居者には出てもらい、跡地を分割登記して付加価値をつけて売却。軽井沢の別荘、伊東の別荘地、リゾートマンション、山林等を次々と売却し現金化しました。

こうした努力の結果、六億円の借金は三年半で約二億円にまで減らすことができました。当時の金利は現在では考えられないほど高く、平均で約九％でした。これで年間六〇〇〇万円（何と年商の六％）あった支払金利を激減させることができたのです。

金融機関の返済はまず無尽、信用組合、信用金庫というように、下位行より整理し、次いで政府系金融機関を整理し、地銀のG銀行、都銀のS銀行を残し、メイン銀行をG銀行よりS銀行に移しました。この作業をとおして、信組、信金、地銀、都銀、政府系金融機関とお付き合いし、金融機関の違いについて勉強が出来、現在の仕事にも役立っています。

⑫ 頭の黒いネズミ退治（就任一年後以降）

「頭の黒いネズミ」、つまり不良社員が複数いたことも大きな問題でした。当地の同業者に聞いたところによると同業者にも同じようなセールスマンは多くいるような話でした。土地柄なのでしょうか。具体例をあげてみましょう。

① 現金支払いの取引先の請求書を自分でつくり直し、現金をくすねていた社員

現金支払いの会社に限って売掛金残高が多いことに気づいて、取引先に電話したところ、「とんでもない、買掛金は残っていない」という返事でした。営業マンの帰社を待って問い詰めると、不正を働いていたことを白状しました。親のいない社員で兄がいるということなので、明日兄と一緒に来るように伝えると、一週間待ってほしい。全額払うというので猶予を与えると、くすねた金の全額を持ってきました。どうやら先輩が面倒を見てくれたようです。資金使途は競艇、競馬でした。

この営業マンは過去にも金銭上のトラブルを起こしていたようだが、営業力があるということで、会長が黙認していた人物でした。当然、私は直ちに解雇しました。

② 小切手を現金化して詐取した社員

多額の売掛金のある得意先に談判に行くと、代金は小切手で払ったが領収書はもらっていないという信じられないような話です。小切手の控え番号をメモし、会社に戻り調べたところ、その小切手は会社に入金されていませんでした。

銀行へ行って、支店長を説得し本店で調べてもらう（数年前のことで金融機関は中々応じてくれませんでした）と裏判は営業マンの個人印でした。この社員も解雇しました。

③ 得意先とつるんで商品を持ち出していた社員

日曜日に私が会社へ出向いたら、なんと得意先の車に製品を満載しているではありませんか！とかくうわさのあった営業マンでした。お客様とつるんで悪事を働いていた現場を、たまたま私に押さえられたのです。まさに天網恢恢疎にしてもらさずです。

④　会長が営業部長を特別待遇

私がこの会社に乗り込んできたとき、営業部長は、当時の最先端車マツダの「ルーチェ」に乗り、派手な生活をしていました。従業員から部長が特定の店と結びつき、配送業務の従業員に金を握らせ、製品を横流ししているといううわさも流れていました。しかし、こちらも確証が得られませんでした。営業部長に適任者がいないこともあり、ずるずると時間が経過していたのです。

私がＨ社を去る直前の昭和五七年（一九八二）三月ごろ、営業部長と会長との間で何かのトラブルがあり、会社を去って行きました。これで、Ｈ社に巣食っていた黒いネズミは全部いなくなりました。

⑬　工事部門の利益改善

ガラス工事、サッシ工事等、工事が伴う案件は原価把握が難しく、赤字工事であっても実態把握が遅くなる。この点のチェック・改善に注力して利益改善を図りました。

私は次々と経営改善策を実行する一方で、社員の意識改革にも力を注いだので、売上も増加し、一〇％を切っていた利益率も一二％まで回復しました。一年後には営業利益段階で黒字化することに成功し、わずか一人当たり一万円でしたが、約束通り決算賞与を支給しました。従業員はもちろん皆喜んでくれました。今迄はいくら働いて稼いでもオーナーの懐に入るだけだと考えると「やる気」を削がれていたのですが、利益が出れば自分たちの利益になることを実感できたことが、「やる気」に火を付けました。

先にメーカーから来ていた専務は私が赴任して、一年後に本社へ帰り、私一人となりました。私は改めて腹を括って会社の敷地内にあった管理人用社宅に単身で住み込んで、二四時間体制で会社の仕事に没頭しました。

⑭ 血を入れ替える

私の施策についてこられない社員は自ら辞めていきました。去る者は追わず。苦労しながらも、新しい社員を採用しました。

狭い田舎のことですから、会社の悪い風評は知れ渡っており、折りこみ広告で社員募集をしても、応募者は現われませんでした。そこで、毎日のように職業安定所へ顔を出しているうちに、係員に顔を覚えてもらえるようになりました。すると、求職者が来ると、すぐに電話をしてくれるようになりました。

また、地元の高校、専門学校へ行き、校長に会い、生徒を回してくれるように働きかけました。大卒者を採用しようと、「リクルート」に求人広告を出稿しましたが、費用がかかるだけで効果は出ませんでした。その代わり、飲み屋でアルバイトしていた大学生に声をかけ、入社してもらうことに成功しました。

自分で採用した社員が過半を超えると、社風が変わることをこの過程で実感しました。同じ価値観を共有出来るようになったからです。このことは企業経営にとって重要です。価値観が異なると幾ら話しても無駄だからです。私は、このことを「血を入れ替える」と云っています。

⑮ オフコン導入（就任二年目以降）

前述したように、一枚一枚の売上伝票に原価を入れ、粗利益を計算し、安売り防止を図ってきましたが、この原価入れを営業マン自身にやらせていたので、目端の利く営業マンは安い原価を入れ利益が出ているように見せかける細工をしていることがわかりました。当然考えられることでした。

しかも、この作業は結果が出るのが二、三ヶ月先になるのです。これはまずいと、私はオフコンの導入を思いつきました。しかし、導入を決意したところで、赤字会社がオフコンを導入するなど以ての外と親会社の部長に反対されてしまったのです。

そんなことで私は諦めませんでした。絶対に成功させてみせると宣言し、一一の業者から見積もりを取りました。ソフト会社を経営している大学の学友に見積もりを見てもらい業者選択のアドバイスを受けました。上がってきた見積もりを見ると、ハードゼロ円、ソフト六〇〇万円から反対にハード数百万円、ソフトゼロ円まで実に多彩な見積もり結果でした。学友は見積り内容を見ることもせず、ハードは国産に、ソフトは面倒見のよい業者を選べとアドバスしてくれました。友達の有り難さをしみじみ感じました。

この時代はソフトをパソコンに組み入れるには、現場でSEが作業しなければならなかったので、この徹夜作業にもつき合いました。

このとき開発したシステムは、その後N社の子会社である情報システム会社が採用し、全国の代理店（取引店）へ普及することとなりました。

サッシの部品点数は何万とあり、商品コードを手入力することは至難の業でした。そこで、複数のサッシメーカーと交渉してデータをテープで入手し、サッシメーカーの商品コードをそのまま利用することにしました。そしてメーカーの許可を得て、この商品コードを同業者へも貸し出しました。システム開発に携わったことも、私には貴重な体験となりました。

⑯　不採算部門からの撤退（就任三年目以降）

H社には鉄骨、鉄筋を扱う鋼材部門があったのですが従業員は一人もいなくて、傭車契約者が受注から配達・集金まですべて扱っていました。当然のことながら、売上・収益にあまり寄与していませんでした。そこで、この部門から撤退することにしました。商社、鉄鋼問屋との解約交渉が難航しましたが、良い勉強となりました。

また、ブリキ、樋、その他板金部品を販売する部門もありましたが、こちらは従業員が一人のみ。将来の発展性と本業へのシナジー効果がない部門でしたから、撤退することにしました。

残された一五〇坪の倉庫は、フロント工事（店舗の入口付近サッシ工事）と網戸製作場として活用しました。フロント工事は、不二サッシより出向で来ていた社員を当社の社員として迎え入れて任せました。部材業者の製品を使って制作した網戸は「ホームセンター伊勢屋（現カインズホーム）」へ売り込み、サッシメーカーと競争して勝ちました。お客様が、破れた網戸をセンターに持参すれば、それを配達時に引取り、修理をして次回配達時にセンターへ届けるという仕組みを提案したのです。網戸の修理を抱き合わせるという提案が功を奏したのです。

網戸は、一シーズン一億円以上の売上が立ちましたが、夏場四ヶ月が勝負の季節商品です。市のシルバー人材センターの人材を使って対応しました。ホームセンター伊勢屋との取引はいろいろ勉強になりました。

⑰ メーカーの借入保証解除

赴任一年目にS銀行をメインバンクと位置づけたのですが、金融庁の銀行調査を契機にH社に対するS銀行の態度が変わったので、G銀行をメインバンクに戻しました。あとで分かったことですが、S銀行では、当社の格付けが第Ⅱ分類ということで、新任の支店長の判断で、敬遠されたのです。

G銀行の次長が私のことを高く買ってくれて、メーカー保証付きの借入金の保証を外してくれました。メーカーに保証料を支払っていたので、この分がなくなり、経営改善に拍車をかけることができました。G銀行の当時のY次長には今でも感謝しています。

昭和五六年（一九八一）四月、私は出向社長のお役御免でメーカーへ引き上げる予定でしたが、次の社長含みでメーカーより派遣されてきていた二代目専務H君に肝硬変でドクターストップがかかってしまいました。そこで、私がさらに一年続投することとなり、離任を一年間延期しました。

今振り返ってみると、事業再生に関する書籍は、現在は氾濫していますが、当時は、殆どなく、東洋製鋼、津上、その他の再建を手がけた大山梅雄著「会社再建の秘訣」（昭和五一年初版）しかありませんでした。五七年になって、日本特殊鋼を再建された早川種三著

「早川種三経営語録」、佐世保重工を再建された坪内寿夫著「坪内寿夫奇跡の経営力」が出版され、直ぐ購入して貪り読んだものです。私がやった施策は、「業務リストラ」、「事業リストラ」、「財務リストラ」(第三部第一章(四)参照)をすべてやったことになります。

昭和五七年六月、私は次の任地へ行くこととなり、H専務に後を託し、H専務の健康を気にしつつ、H社を去りました。余談ですが、H社長は三年後の八月、H社を去り別の会社に出向したのですが、直ぐ発病し、三ヶ月後の一一月に亡くなりました。可哀相なことをしたと今も心が痛みます。なお、H社長の後を継いだN社長、K社長も二年ほど前に相次いでこの世を去りました。神経を磨り減らすハードな仕事が彼らの寿命を縮めたのではないかとの思いが致しております。

なお、会長は平成七年一二月、六六歳で波乱万丈の一生を終えてあの世に旅たれました。またH社は十年位前に関東地区のメーカー系の卸会社が大合併した際、その会社に吸収され、会社そのものは無くなっています。まさしく時代の流れです。

第三章　五〇歳で五社目の社長就任

一．二つ目の代理店O社の社長となる（昭和五七年七月～平成六年二月）

　昭和五七年六月、N社副社長より直々の電話があり、「東京の代理店O社の再生を頼む、お前しか適任者がいない」という話。メーカー本体へ戻ることを夢見ていたのですが途絶えました。

　O社の創業者O氏は、鹿児島出身で、大正一三年ガラス店を創業し、昭和二二年に法人化、ガラス工事を主とし卸業務も行い、業界で四天王と呼ばれるまで上り詰めた立志伝中の人です。大相撲「朝潮関」（先代朝潮）の後援会長でした。

　オイルショック後、経営が思わしくなくなり、中央区にあった本社ビルを売却して、江東区に移転、それでも追いつかず、平成五七年には、江東区の新社屋も売却して、金融機関への返済に充て、残余資金を提供して事務所付倉庫を建設してもらって賃借するという状況まで追い詰められていました。その間、再建策として、創業社長は辞任、長男が社長に就任、工事部を別会社に分離するなど種々手が打たれました。最終的に、五六年、メーカーが五一％出資して子会社化し、社長を派遣して再建を図っていました。そういう状況下での社長就任でした。

（1）コーポレートカード切断事件

私が赴任した年（五七年八月期）の売上は一四・七億円、経常利益はマイナス一四一二万円、交際費支出が一四〇二万円と突出していました。大手の取引先関係者への付け届けに交際費を支出していたという話です。経理課長（N社出向）に支出の中身をチェックしたかと聞いたところ、私を雇ってくれた人に文句は云えませんとの回答、呆れてものが言えませんでした。

私は、赴任当日かその翌日かは忘れましたが、会長室（こんなちっぽけな会社に会長室があった）で会長と面談、その場で、二枚のコーポレートカードにハサミを入れるという荒技を行いました。ロータリ倶楽部の会費も会社で負担しないと宣言しました。実に嫌悪な形でスタートしましたが、無駄な交際費を削る為の儀式と考えて大胆に実行しました。

この事件後、会長よりお前に全て任せるという話があり、その後は会長との関係は極めて良好に推移しました。糖尿病を煩っておられ、一一年後の平成五年一二月、享年六〇歳という若さで、私より一歳若くして、あの世に先立たれました。社葬で以て見送りました。

一方、会社の状態は、極めて歪な組織体制となっていました。社長と経理課長がメーカーよりの出向、硝子卸部門は五名、工事部は一〇名、経理課は四名、計二一名の人員ですが、売上、仕事量のバランスがとれていないし、他課の応援をしようという感覚が全然ありません。売上は卸部六・三億、工事部四・八億、その他二・八億という状況でした。工事部、経理課は定時に帰社しているのに、卸部は夜中まで残業しているという状態でした。これは、一時工事部を別会社としたことがあり、再度合併させたため、O社の中に、工事会社があるという状態でした。元工事会社の社長が、O社の常務となっていましたが、出向者との関係が上手くいっていませんでした。

経理課長は完璧な経理書類を作り自慢していました。如何に完璧な書類ができても、会社全体を見るという視点がありませんでした。そこで最初に手掛けたのが経理課の縮小。課員を二名とし、卸部に人を回したところ、課長は会社を辞めて行きました。色々と対策を打ち社内体制を整えるうちに、社内の雰囲気が変り、一つの会社として動き出しました。

(2) 急ピッチで再生に取り組む

1. 経営診断受診

就任して間もなく、親会社（メーカー）在籍の知古の中小企業診断士より、診断士試験の一環として行われている「実務補習」（インターン）の受診企業となって欲しいと打診されました。願ってもないことと思い受診することとしました。その「診断報告書」を、一一月始めに受け取りました。会社を客観的に見ることが出来て大変参考になりました。その中で指摘されたことの一つに「人材教育」の必要性の指摘がありました。

2. 社員教育に取り組む

① スパルタカスへ派遣（二泊三日合宿訓練）

（株）エデュースの代表原清先生が比叡山・延暦寺で行われている教育訓練「スパルタカス」の広告を見て、原先生を大阪の事務所に尋ね、これは信頼できる先生と確信し、部課長を順次、訓練に参加させました。朝、研修に遅刻すると比叡山の凍った土の上に正座させられるという厳しい訓練が、七万八千円という安い費用で出来るというのが魅力でした。「五年後の自分はこうなっている」という誓いを立てて帰って来ました。五年後、原先生より生徒の五年後の姿を見たいという電話があり、大阪より東京に来て頂き、生徒に会って頂きました。受講生全員が五年前に書いた誓いを実現させていたことに改めて驚いた次第です。

② 管理者養成学校への派遣（新兵訓練と女子戦力化訓練の二通り）

その後、色々な社員研修機関の調査を重ね、辿り着いたのが「管理者養成学校」です。決め手はお得意先が社員をこの学校へ行かせて成果を挙げていたことでした。私自ら「社長特別研修コース」を受講、生徒の卒業式を拝見し、ここに社員を派遣することを決めました。成果を挙げたのは、新兵訓練と女子戦力化訓練でした。前者は新入社員向けの訓練です。社長に毎日手紙を書かす、電話の受け答えを練習させる、グループで夜間行進をさせ全員が無事に帰着するという訓練、街頭で歌を歌わせる訓練（これでこの機関は有名）。中々自社では行えない訓練をやってくれるのです。この訓練に耐えきれず退社した新入社員も出ましたが、そんな甘えん坊は所詮会社生活に耐えられないことは必定で、入口で辞めてもらって良かったと思いました。後者の女子戦力化訓練も成果は顕著でした。

③　資格取得

工事部員は、業務上「玉掛け」「フォークリフト運転」等々の資格を必要とします。そこで「資格手当」を設けて資格取得を奨励しました。或る日、朝礼で皆に資格を取れと発破をかける発言中、自分自身、国家資格は自動車運転免許しか無いことに気づき、咄嗟に「俺も中小企業診断士の資格」を取ると発言してしまいました。準備不足で、五八年度は不合格でしたが、翌年、一次、二次、三次試験を突破して、六〇年四月に通産大臣登録を済ませました。「瓢箪から駒」というのはこういうことを言うのでしょうか。

④　通信教育

私も親会社で奨励されて色々な通信教育を受講した経験があったので、社員に通信教育の受講を薦めました。例えば字の下手な社員には「ペン習字」の受講を半ば強要しました。

費用は給与より天引きしました。しかし無事受講が終了したら、先に控除した受講費用を返金する仕組みとしました。これ位しないと長続きしないからです。

⑤　読書の奨励

幹部クラスにその人に相応しい書籍を与え、読書感想文を書いて貰いました。三笠書房の知的生き方文庫の中の「セールスの極意」とか、PHP文庫の「こんな先輩を見習うな」と言った安い分庫本を読ませました。

⑥　幹部合宿

先に部門間に溝があったことを書きましたが、社員の一体感を醸成するため、休日を利用して「かんぽの宿」などの安い研修施設を探し、「幹部合宿」をやり、来期の年度計画の検討や売上拡大策の検討を行い、その後は「ノミュニケーション」です。アルコールが入ると本音の話が出て、お互いの欠点の指摘などざっくばらんな場となり、組織の一体感が深まりました。

⑦　少集団活動

取引先のゼネコンＳ社がＴＱＣに力を入れ、下請け先企業でも小集団活動をやるように指導されたので、当社でもＱＣを始めました。部門毎にチームを作り、身近な小さな問題を取り上げ、優秀なチームを表彰する等をやりました。「コピー枚数の削減」「作業用手袋を大事に使う」等身近な問題を取り上げさせました。課内の一体感醸成に非常に役立ちました。

⑧ コンピュータ導入による原価管理の徹底

社内の体制が整ってきたのを見計らって、コンピュータを導入し、H社時代に開発したソフトをそのまま導入しました。パソコンを扱える社員がいないため、私が商品コードなどを昼休みなどに時間を作り入力しました。硝子工事の比率が高い会社なので、工事原価把握にも注力しました。一物件毎に原価を把握、赤字工事については徹底的に原因を追及しました。

⑨ ガラス研磨加工機の導入

ガラス工事には、外装工事と内装工事があります。前者はビルなどの窓にガラスをはめる工事です．後者はデパート、店舗、博物館等の内部に使われるガラスの施工です。デパート、店舗では、閉店後の夜間工事が一般的です。中々図面どおりにガラスが収まらず、急遽ガラスの加工が必要になるのです。その都度、加工屋さんを叩き起こして無理をいわざるを得なくなるのです。そこで大型の研磨加工機の導入をすることとしました。因みに、釧路博物館、博多博物館、兵庫県人と自然博物館等の工事を丹青社より受注しました。

⑩ 銀行取引の改善

前述のとおり、経営が苦しい時代には、金融機関から敬遠されていましたが、就任三年後、社内の体制も整ってきたこと、日本の景気が良くなってきたことから、売上は、四年後の昭和六一年三月期には、五七年比一九％ＵＰ、平成三年三月には二・六倍の三八・五億迄伸びました。経常利益も、私が離任するまでの五年間連続して、一億円以上計上するようになりました。売上が伸び、大型工事を受注すると資金需要も旺盛となるとともに、今度は金融機関よりアプローチされるようになり、メインの住友銀行の他にさくら銀行（現在は三井住友銀行）、三和銀行（現在は三菱東京ＵＦＪ銀行）とも取引を始めました。金融機関は「雨が降れば傘を畳み、晴れれば傘をさす」とよく揶揄されますが、まさにその通りの展開となりました。

⑪　採用活動に注力

就任翌年の五八年四月に大卒を二名採用しました。そのうちの一名が現在既に部長になっています。売上増大とともに採用に注力し、社長自ら、九州・沖縄まで採用で走り回りました。詳しくは、序章で述べた通りです。

当社在任中の昭和六二年三月、Ｎ社の規定により、五五歳で定年退職を迎えましたが、そのままＯ社の社長に留まり、平成四年六月、社長の座を後輩に託してＯ社を去りました。丁度十年間、日本経済がバブルで潤った期間を、楽しく、充実した会社生活を過ごすことが出来ました。社員全員を二度、ハワイ旅行させることが出来たのは、ラッキーでした。

二．O社の子会社OT社　社長兼務（昭和六一年二月～平成七年三月）

O社の子会社（O社同様ガラス・サッシ卸、ガラス工事）がI県にあり、O社旧オーナーの次男が社長を勤めていましたが経営は不振で、メーカーより社長を派遣、それでも建て直しが出来ず、O社就任後四年目の六一年二月、私が社長を兼任することとなりました。社長としては、六社目です。日常業務はナンバー二の常務（N社より出向）が取り仕切り再生に尽力しました。当社においても、H社、O社と、全く同じような施策を行い、経営が黒字になったら親会社同様海外旅行に行こうとの旗印のもと努力して、平成六年この目標を達成しサイパン旅行を実現させました。

三．I県に総合販売会社（販社）設立、六事業所を統合（平成七年四月～九年三月）

平成六年末に、N社が、I県にOT社を軸として販社を設立するという構想が浮上し、私に新会社の責任者をやってほしいとの内示があり、平成七年一月より、合併会社設立の準備に入りました。またも単身赴任で、二年間の約束でした。

平成七年五月、OT社を中心にT社M支店（硝子・サッシ卸）、KG社（メーカーの子会社で複層硝子製造）の三社による新会社を設立しました。公正取引委員会に召喚され、合併の経緯について尋問されたことを思い出しました。

その後、平成七年十月にG社T営業所（ハウスメーカーへの硝子納入）を、平成八年にNA社O営業所（硝子・サッシ卸）、T市のKZ社（硝子・サッシ卸）の営業権を譲り受け、新会社の業容は更に拡大しました。

この合併（経営統合）は、メーカー主導で行われ、営業権を譲り受けることになったT社、G社、NA社、KZ社との交渉はそれぞれのオーナーとメーカーとの間で行われました。

合併新会社での私の主な仕事は人材教育とクレーム処理でした。

① 受け入れた被合併会社の全社員をそのまま引き受けることが合併の条件であったので、これらの社員を合併の都度、就業規則の説明から始め、テストにより社員資質の把握を行い、意識改革の為の教育を行いました。社員のレベルに各社間で、大分差がありレベルを揃えるのに注力しました。

② 社員だけでなく、合併会社より役職者として受け入れた「人」のレベルが低く、この「人」の取り扱いには頭を悩ませました。メーカーより出向者を受け入れて交代させる等苦慮しました。

③ セールスを同行してお得意先全店へ挨拶して回り、設立の趣旨説明を行い、合併の

ドサクサで他社へ、お客が逃げないように注力しました。得意先は急に拡大し、茨城・栃木・福島・群馬・千葉県と広範囲のお客様を相手にすることとなりました。

④ 大手の取引先として、ハウスメーカー二社があり、相手の要求する品質基準を新しい加工拠点の作業員が飲み込むまでに時間が掛かり、クレームが多発し、その対応に苦慮しました。工事部門の管理者の能力不足により、ガラス工事でもクレームが多発しました。

⑤ 引き取った在庫品の中に不良在庫が可成りあり、その処分に苦慮させられました。短期間のうちに、六事業所を一つに纏めたため歪みを是正する暇もなく、売上は平成七年の一〇億円が、平成八年には三五億円と伸びましたが、人員も増え、五三名が平成八年一二月には九八名迄倍増し、経営成績は惨憺たるものでした。経営の振るわない事業所を六社も集めたのですから、当然といえば当然の結果になったわけです。この結果については、メーカーが市場の先を見越して戦略的に仕組んだスキームでしたから、決して私の経営の失敗ではなかったと思っています。それにしても、人材不足は兵站が広がっていたため、致命的でした。何時も主張して来たことですが、こうしたプロジェクトの場合は、メーカーより最初に多くの人材を注入し、順次減らして行くというスキームを作るべきであったと反省しています。

この二年間の出来事は、私にとって消し去ることの出来ない失敗事例となってしまいました。私は、約束通り、二年後の平成九年三月に代表取締役を辞任、退社しました。

第二部　中小企業支援は本気でかかわる真剣勝負

第一章　診断士事務所設立・協会等での活動（平成七年四月以降現在迄）

一．「マネージメント・サポート・あじか」設立

前章までは、子会社、関連会社の社長および企業内診断士としてのキャリアについてふれてきました。本章からは、独立した中小企業診断士として経営コンサルタントの道を歩み出してからのことを書き記します。

私は平成九年（一九九七）四月一日付で、経営コンサルタント会社「マネージメント・サポート・あじか」を設立し、杉並税務署に開業届を提出しました。六五歳でした。開業届を出したその足で、挨拶のために「杉並区中小企業診断士会」の長野弘二会長宅に伺いました。その折、長野会長から独立診断士としてやるべきことをいろいろご指南していただきました。その翌日、会長から電話があり、診断士会の経理部長を仰せつかり、その場でお引受けしました。

杉並区商工相談員就任

翌平成一〇年（一九九八）四月、会長の推挙により、杉並区の商工相談員に就任、週三

日杉並区役所商工係の窓口で、区内商工業者の相談に乗ることになりました。これが、経営コンサルタントとしてのスタートでした。

商工相談員は、平成二三年三月迄（途中二年間欠ける）都合一一年間委嘱を受け、融資斡旋、創業支援等を行いました。その間、相談にのった事業者は少なく見積もっても月二〇名として、年二四〇人、一一年で二六四〇人となります。当然のこととして、融資を受ける人の立場での相談にのって来ました。

長年相談員をしていると、決算書を一見して、節税型か粉飾型か正当型かを判別出来るようになり、この決算状況では融資は受けられませんよとの経営指導を随分行いました。勿論決算書に出てこない隠れた情報があって保証協会の保証が受けられない案件は別です。

適当な理由をつけて融資斡旋文書を書いて借り入れが出来ても返済が出来なければ自分の首を絞めることになるだけですから、その企業のためにアドバイスするように努めました。こうして、別途個別の相談を受けた企業も沢山あります。

また、金融機関より融資制度の不具合の指摘を受け、区の担当課長に提案し改善したことも多々あります。

二．社団法人中小企業診断協会での活動

中小企業診断協会は、嘗ては公益社団法人だったのですが、平成二〇年、一般社団・財団法人法が施行され、一般社団法人となりました。その結果、現在は、全国組織として、一般社団法人中小企業診断協会があり、その元に都道府県毎に、一般社団法人としての診断士会があります。

中小企業診断協会入会

私が、診断士資格を登録した昭和六〇年時点では、合格して診断士登録する際、必ずどこかの診断士会に入会することとなっていました。東京支部には六支会（中央、城東、城西、城南、城北、三多摩）があり、私の住所地杉並は城西支会（新宿、中野、杉並、豊島区）がテリトリーでした。城西支会には、区ごとに診断士会が組織されていました。

私は、当時サラリーマンでしたが、登録と同時に、東京支部・城西支会、杉並区診断士会に入会して、直ちに色々な勉強会にも参加しました。城西支会の労務管理研究会のリーダーも勤めました。支会では当初広報部に属し、三年後に総務部にスカウトされました。総務部副部長から、平成一五年総務部長となり、平成一七年城西支会長に就任、自動的に東京支部常任理事となり、活動範囲が広がりました。

平成一九年三月、支部の役職年齢制限の内規により、一期二年で支会長を退任しました。

杉並区中小企業診断士会での活動

一方、杉並区中小企業診断士会では、平成一二年五月に、理事長に就任、平成二三年五月退任しました。途中二年間城西支会長時代は、別の理事長を立てました。就任時の会員数は四〇人程でしたが、退任時には約八〇人と倍増しました。なお、杉並区役所から各種調査等の契約がし易くなるので法人化するよう要請があり、平成一八年にNPO法人に改組しました。当時NPOにするか、一般社団法人にするか議論したのですが、結論はNPO法人でした。現在では一般社団法人とすべきであったと考えています。

三．東京都信用組合協会アドバイザー就任

平成一七年六月、東京都が都内信用組合を支援するため、中小企業診断士を派遣する制度を新設。東京都信用組合協会（都信協）と中小企業診断協会東京支部との間で契約を結び、五名の診断士がそれぞれ二、三の信用組合を担当することとなりました。私はその中の一人に選ばれ、三つの信用組合を担当しました。仕事は信用組合が抱えている不良融資先の「再生」です。書類を見るだけでなく、実際に会社に足を運び、経営者にヒヤリングするなど、具体的に処方箋を書き、経営改善に取り組みました。

ある信用組合では、取引先企業の社長や経理担当者を集め、「資金繰り表の作成」というテーマで、六支店を各三回、計十八回の講義を行ったこともあります。

別の信用組合では、行員を集め、経営改善計画書作成の講義を行い、行員のレベルアップに結びつける努力をしました。

この業務を通じて、お金を貸す側の立場で企業を見ることとなり、区の商工相談員としての借りる者の立場に立って企業を見る目と、真逆の立場でものを見る目を養うことが出来ました。また、信組の行員やその取引先の企業の規模・企業資質・企業内容等において、小規模事業者の実態を知ることが出来、大変勉強になりました。

アドバイザー担当は、平成二六年三月まで約九年間務めましたが、自分の年齢を考慮して自ら辞任し若手の診断士にバトンタッチしました。

四．東京商工会議所・商工会での活動

(一) 杉並支部での活動

平成九年四月、独立と同時に東京商工会議所の会員となり、専門家登録を行いました。専門家として区内のみならず、文京区、世田谷区、中央区、大田区等の中小企業の相談を受けようになりました。これによって診断士としての活動の場が大いに広がりました。平

成一二年十一月よりは、杉並支部の評議員に選出され、現在も継続中です。さらに小規模企業振興委員、地域振興委員となり、こちらも現在継続中です。

(二) 商工会での活動

東商への専門家登録と同時に「商工会」へも専門家登録を行い、武蔵村山市、狛江市、昭島市等の商工会より声がかかり、お手伝いしました。

(三) 本部での活動

東商本部より「創業計画審査会委員」の声がかかり、「創業案件」を東京信用保証協会の課長、東商経営相談所長と一緒に審査する事業に関わりました。

(四) 東京都再生支援協議会アドバイザー委嘱

平成一六年一月、東京商工会議所内に新設された東京都再生支援協議会のアドバイザーに選ばれ、二案件に関与しました。(第二部第三章で詳述します)

五. 東京都倫理法人会に入会しての活動

平成一二年七月、顧問先の社長に言われて「東京都倫理法人会杉並支部」へ入会しました。倫理法人会は丸山敏雄先生が創始した倫理研究所の法人版です。

この会は毎土曜日午前六時半より「モーニングセミナー」を行っており、会員とか全国各地で成功した経営者、または失敗して再び立ち上がった経営者等の講話を聞くのです。色々と勉強になりました。講話もやりました。また、役員を引き受け、地域のために尽力していると経営上の悩み事の相談が持ち込まれます。積極的に対応しています。

会員になると「職場の教養」という冊子が毎月三十部送られてきます。この冊子に、「今月の経営チェックポイント」という小文を挿みクライアント等へ配布することとを思いつき、平成一五年五月より始めました。その時々の政府の政策変更の告知、サブプライム問題やソブリン危機といった国際問題への対応、経営上配慮すべき問題等、様々なことを取り上げました。毎月ものを書くためには、そのつもりで情報を集めておかなければなりません。良い刺激となっています。

六．東京都中小企業家同友会に入会しての活動

倫理法人会の仲間の誘いで、平成十三年には、東京中小企業家同友会へも入会しました。この会には中小企業経営者は勿論のこと、弁護士、会計士、社労士、診断士等の士業の人も多く入会しており人脈を広げるのに大いに役立ちました。地方のクライアントで同友会の会員であると、共通の話題で盛り上がり、また夜の会合に出席して講話をさせて頂いたこともあります。

七．販売促進学会に入会しての活動

診断士資格取得と同時期に、先輩診断士に誘われて、「販売促進学会」に入会しました。小濱岱司先生が主宰されている学会です。学会といってもコンサルティングファームといった方が正しいかも知れません。昭和六十年発足ですから今年で三十年になります。私は、企業内にいたので、余りお手伝い出来ませんでしたが、執筆や商店街診断をやらせて頂きました。中小企業大学校旭川校で講義をさせていた頂いたことは光栄でした。この学会の関連団体である、協同組合コンサルタンツ・ネットワークに所属して、府中市の工業調査、消費者調査、商店会支援等にも従事しました。

八．業界情報誌等の執筆で仕事の幅を広げる

診断士になって間もなく、受験指導を受けた先輩より、「きんざい」社より刊行されている「業種別貸出審査辞典」への執筆依頼を受けました。喜んで引受け、業界事情の調査方法のコツを知りました。その後、ＮＴＴ－ＢＪ（ＮＴＴタウンページ発行元）より、何十業種もの業界情報執筆の依頼が舞い込み、仲間の診断士を誘って執筆しました。当然、原稿チェックを行うので色々な業界の実情を勉強することが出来ました。

その後、ＪＲＳ（(株）経営ソフトリサーチ社）の業種業界動向の執筆依頼が入り、これもその業界に従事している診断士、その業界をコンサルしている診断士に働きかけて業界情報を届けました。

これらの活動の成果が「業種別超把握法」「業種把握読本」の編纂に繋がり、併せて「一般社団法人業種業態ソリーション研究会」の発足に繋がりました。

私が、先に見たように、製造業から物販、サービス業、飲食業、建設業等あらゆる業種のコンサルが出来るのはこうした背景があるからです。

九．ターンアラウンドマネージャーの資格取得

企業再生の現場体験を幾つも重ねてきたので、理論的に裏付けをする意味で、ＮＰＯ法人金融検定協会の主催する勉強会に参加し、二〇〇六年九月「ターンアラウンドマネージャー認定証」を取得しました。

この資格授与事業に講師を派遣している「企業再建コンサルタント協働組合」では、窮地に陥った企業の再生を請負う事業も行っています。時間と体力が続けば挑戦してみたいと考えています。

第二章　中小企業の「赤ひげ」としての活動

私は、中小企業診断士としての事案について、選り好みをせず、依頼されれば、全力で解決に向かって真剣に取り組んできたという自負があります。そして、その思いが変わることのないように、中小企業の「赤ひげ」と自称している次第です。「赤ひげ」は山本周五郎の「赤ひげ診療譚」から来た言葉で、黒澤明監督により映画化され有名になりました。診療譚の「赤ひげ先生」にあやかって自称しております。

しかしながら、クライアントの中には、いくらこちらが真剣に取り組んでも、耳を傾けてくれない経営者もいます。どんなにこちらが真摯に取り組んでも状況が変わらないと判断したら、時間の無駄ですので、潔く手を引くことをモットーとしてやってきました。

以下に、東京商工会議所、商工会、弁護士、税理士、金融機関先輩・後輩等より依頼された案件で、中小企業経営者や後輩の診断士に伝えておきたい示唆に富んだ事案をピックアップしてみました。

一．顧問先支援事例

（1）初めての顧問先　W社（平成九年十月より関与）

私が中小企業診断士として独立後初めて飛び込んできた大型案件で、先輩の娘婿が専務として勤めている会社でした。

会社概要

創業　昭和三四年（一九五九）　法人化　昭和四七年（一九七二）
業種　タンク類製造設置業
資本金　二〇〇〇万円
従業員　二四名
年商　三億四二〇〇万円（平成九年六月期）
借入金　二億八五百万円（　〃　）月商倍率一〇ヶ月

決算書を一見して、果たして再生することができるかどうか危ぶまれるような経営内容の会社でした。本社の所在地がM県という遠隔地でもあったので、お断りしたのですが、先輩からどうしてもお前に面倒を見てほしいと依頼されて引き受けました。

W社の、平成四年から九年の六年間の決算状況は、営業利益段階で黒字だったのは一期だけでした。兄、弟、妹の婿、長男、長女と親族が六名もいる典型的な親族企業（家族経営会社）でした。

社長と面談して再生に取り組む経営者としての覚悟のほどを確認したところ、「何としても良い会社にして、息子にバトンタッチしたい」ということでした。それならば「私の言うとおりに実行して下さい」と、こちらも本気で取り組む覚悟を示し、次々と施策を打って行きました。

①社員面談

私のお箱である、全社員との面談を先ず行いました。改善すべきことや、自分が取り組みたいことなど、胸の内をさらけ出してもらいました。当然のことながら色々な問題点が浮上してきました。

②経費削減

まず社長、常務、工場長、営業部長等の車両を廃止し、簿価で買い取ってもらいました。その他、あらゆるムダな経費の支出の削減を実行に移しました。

③人件費削減

殆ど仕事をしていない常務（社員面接より浮上）を、辞任させるように社長に話したところ、そんなことは自分の口から言えないというので、私から話をして、息子さんが経営して会社に移ってもらいました。

「隗より始めよ」で、経営陣の経営立て直しへの姿勢を社員に見せたところで、社員の給与の改訂（削減）に着手しました。就業規則、給与規定を全面的に見直し、不当に高かった残業代、出張手当等を削減することとしました。

④朝礼

毎朝朝礼を行うようにして、当日の作業指示等の徹底を図り、意識改革を行いました。

⑤原価把握

私が関与するまで、工事原価を手作業で計算しており、計算が終了するのが二、三ヶ月後という状態でした。そのため製作途中で原価の進捗状況の把握が出来ていませんでした。これらの作業をコンピュータを使って行うように専門家にシステム構築を依頼しました。

⑥全社員大会の開催

会社の方針を全社員に浸透させるために、社員大会を頻繁に開催し、方針を徹底させました。

⑦幹部合宿

幹部の意識改革と意思疎通を狙って、簡保の宿などあまり経費のかからない宿を探し、幹部合宿を行い、本音で話合いました。

⑧工場の整理整頓

工場のあちらこちらに端材などが散乱していたので、五S（整理、整とん、清掃、清潔、しつけ）の徹底を図りました。

⑨販売戦略の策定

社内体制の整備を進めるとともに、新製品の販売戦略を検討しました。兼ねて開発済みの特許製品（当社が開発したものですが、メーカー名義で登録）の販売を開始することとしました。

これらの施策により、三年後から赤字経営から脱却、売上は順次増えていきましたが、ソーダ会社のY工場の一〇〇メーター煙突工事の竣工検査でメッキ不良を指摘されて解体再施工を余儀なくされ、儲かるはずだった事業から一転、また赤字をつくってしまったのです。

これは明らかに社長の判断ミスでした。組立作業に入る前段で、メッキの不良を不良と認めて手直しをしておけばよかったのですが高を括って（スケベ根性があったか）手直しをせずに出荷。儲けを急いで、大きな支出を余儀なくされ赤字工事となってしまったわけです。せっかく「ツキ」が回って来たのに、自ら目先の利益に走り「ツキ」を逃がしてしまった事案でした。

人生に「ツキ」があるように、会社にも「ツキ」があると私は信じています。真摯に努力していると、良い商談とか、良い人材の紹介とかが飛び込んできます。私は七社の社長時代にその実感を何度も味わってきました。クレームがつくような仕事をすると「ツキ」は逃げて行きます。心したいものです。

（2）H食品（平成一三年五月から関与）

杉並区の相談窓口に来られたH社長から、月商一〇〇〇万円の会社が月三〇〇〇万円の返済をしていることを聞かされました。借入額は一億三五〇〇万円。父親が事業に失敗してつくった借金とのことでした。

たとえ一〇〇〇万円新規で借り入れたところで三ヶ月しか持たない。抜本策を考えるべきだと話したところ、面倒をみてくれないかと頼まれました。そこで、区の仕事を離れて人助けをしようと決意しました。

会社概要

創業　有限会社設立（昭和三六年四月）　株式会社への改組（昭和四六年三月）

業種　給食業（某社の工場、営業所等の給食事業）

資本金　一〇〇〇万円

従業員　約四〇名（平成一六年六月現在、下請け業者を含む）
売上高　年商一億五〇〇〇万円
借入金　一億三五〇〇万円（平成一三年三月現在）

会社の現状は事務所のほかに、社長が家族と住んでいるマンションがあり、別に祖母がマンションでひとり暮らしをしていました。これら不動産の鑑定を不動産鑑定士に依頼したところ不動産総額は約五〇〇〇万円と出ました。

借入金一億三五〇〇万円　－　五〇〇〇万円＝八五〇〇万円

これを一〇年で返済するとしたら年八五〇万円、月約七〇万円となり、これならば返済可能と計算しました。不動産を全部売却する手筈を調えると、金融機関四行と掛け合ってリスケ（リスケジュール）を実現させました。

この時期、社長は糖尿病を患っていましたが、病気でも入れる保険を紹介して保険に加入、数年後発病、意識不明に陥って入院しました。このときには、家族（祖母も一緒）はマンションを売却し社宅に入居していました。

社長は会社の業務をすべてパソコンで処理していました。奥さんより社長が倒れたという連絡を受けて駆けつけ、パソコンの中身を調べましたが、どうなっているか皆目わからず、奥さんと二人で仕入先よりの請求書、得意先よりの入金明細書等を入念にチェックして、どうにか日常の仕事は処理できるようにしました。

跡を継ぐべき息子は、大学で会計学を専攻しているというので、知り合いの税理士にお願いして経理の基本と会計ソフト（弥生会計）を教えてもらえるように段取をしたのですが、この息子は大学を辞めてしまい、会計事務所での勉強も続きませんでした。後で知ったことですが、息子は奥さんの親戚よりの貰っ子で、祖母に甘やかされて育ったということでした。

ただ一人で頑張っていた奥さんも、祖母が亡くなり、ある日突然夜逃げをしてしまったのです。銀行の担当者から「どこにいるか知っているだろう」と私に電話が入りました。

直ぐ、自宅を訪ねたところ蛻（もぬけ）の殻で行方知れずの状態。その後暫くして、先の保険代理店の知人より電話で、H社長が亡くなったという知らせが届きました。通夜の席で、突然いなくなった非礼を奥さんは詫びてくれました。心身ともに疲れはて思考停止の状態の行動だったのでしょう。

社長の葬儀には、社長の同級生の方が大勢参列されていました。聞けば、社長は有名なK大学商学部の出身でした。私は、社長は大学で何を学ばれてこられたのだろうかと、不思議な感慨を抱いた次第です。

親の負の遺産を引き継ぎ苦労された社長。その心労が寿命を縮めてしまったことは間違いないと思います。経営引き継ぎの際、手を打っておけば別の解決法もあったと悔やまれてなりません。後の祭りです。

(3) O商店(平成一四年一〇月に関与)

知人より「叔父の会社に勤めている甥が自宅を担保に提供させられたので、助けてほしい」と懇願されました。本件は弁護士マターだと断ったのですが、とにかく会社を見てくれというので、知人の頼みを断わり切れず日本橋の本社を訪問しました。

会社概要
業種　靴下類卸販売業
資本金　一〇〇〇万円
従業員　一一名(平成一四年一〇月現在)
売上高　二億九九〇〇万円(平成一四年五月期)(平成一一年五月期　一三億四五〇〇万円)
借入金　四億三六〇〇万円(　〃　)

O商店は、先代が行田市の出身で、足袋の福助と肩を並べていたという足袋を商っていた名家でした。日本橋に本社、馬喰町に七階建ての賃貸ビルを持ち、用賀に自宅を構えていました。会社は大赤字でM銀行より四億三六〇〇万円の借入金があり、返済が滞っていて、取引停止となり、手形の割引もしてくれないということでした。M銀行の株式を三〇万株持っているが、担保にとられていました。仕方なく社長は街金から四〇〇〇万円を借入、手形もそこで割引いていました。その借入金のために、甥の自宅を担保提供するとともに約束手形（二〇〇〇万円×二枚）に印鑑を押させたということでした。社長はM銀行をあしざまに罵り、街金のほうを信用している様子でした。

社長の奥さん（弟が税理士）や母親より私に頻繁に電話がかかり、会社の状況を聞いてくるようになりました。忘れもしない平成一四年一二月二四日クリスマスイブに用賀の社長宅に関係者（依頼者、甥っ子、社長、奥さん、母親）を集めて家族会議を開催しました。

社長はこれまで家族に会社のことは一切話していないというので、会社の現状を説明し、家族からそれぞれの状況を話してもらいました。

会社の経営に関して、社長は情報開示をしないのみならず、タイにあるという別会社のことには口を噤んで私にも話しませんでした。どうやら取り巻きにうまく操られてお金を巻き上げられた感じでした。

経理は、六〇歳くらいの女性を二名も雇い、そろばんで経理をやらせていました。そのおばさんに一人につき三〇万円支払っていました。見るに見かねて、経理は記帳代行業者に月七万円で依頼し、女性事務員二人には辞めてもらいました。

所有不動産について調べたところ、本社ビルは借地で、社長はビル所有者の住所すら知らないというのです。登記簿謄本を見たら、金融機関の担保には入っておらず、街金のみの担保設定となっていました。知り合いの不動産業者を通じて、ビルを売却することにしたところ、隣地のビル所有者から手が上がり七〇〇〇万円で売却が成立しました。

街金と話をつけて（街金まで社長に同行）、甥の自宅の担保を解除させ、約束手形を回収し、一件落着なり。依頼者の要請にこたえることができました。

後日会社は倒産、M銀行は債権をサービサー（債権管理回収業者）に売り、ビル・自宅ともすべて処分されてしまったそうです。自業自得というほかありません。

この事案は、経営のイロハを知らない経営者が会社をダメにした典型例です。それでも社長はN大学商学部出身だと後で知りました。大学で何を勉強してきたのでしょう。行田市の老舗足袋商人の末裔の会社が一つ消えてしまいました。後で知ったことですが、社長は養子で、母親（養親）に甘やかされて育ったそうです。

(4) A工務店（平成一六年一月より関与）

平成一二年（二〇〇〇）五月、S産業創造センターに本拠を構える診断士事務所に参画し、週一日事務所でルームキーパーを務めました。翌一三年一〇月、「S工業団地の活路開拓事業」に参加し、一八社の会員企業の訪問調査を行いました。

その中の一社がA工務店でした。一一月に同社を訪問し、経営状況が危機的であったので、抜本策をとるべきとアドバイスしました。しばらく経ってから、私が訪問した翌日に社長が急逝したことを知らされました。　私が厳しいことをいったので、ショックを受けたのではないかというようなうわさが立ちましたが、社長面談と急逝の間には因果関係がないと信じています。会社は社長夫人が跡を継いで社長になっていました。

ところが、三年後の平成一六年一月、工業団地理事長より、A工務店の経営が芳しくないので、面倒を見てやってほしいとの要請がありました。以前かかわった経緯（社長の急逝）もあり、私はすぐに対応しました。

会社概要

創　業　昭和三七年二月、
法人設立　昭和四五年（有限会社）、昭和五七年（株式会社）
業　種　工務店
資本金　一〇〇〇万円

従業員　九名
年　商　七億四〇〇〇万円（平成一六年六月）
借入金　五億三一〇〇万円（　〃　）（月商倍率八・七）

会社の現状

① 社内体制
社長　経理（資金繰り）を担当。社長夫人で仕事にほとんど関わっていなかったので、実務は専務任せ。六〇代後半。病弱。
専務　総括部長兼任（一級建築士、宅建主任者）打ち合わせ、積算、見積、契約、発注、請求、回収等一連の業務を担当。
現場監督　長女の婿（一級建築士）、三女の婿（二級建築士）

② 営業形態
かつては建売住宅販売が主力だったが、建売が売れなくなり、不動産屋よりの注文受託建設が大半。待ちの営業。

③ 原価管理
現場ごとの損益把握がおざなり。専務にいくら言っても改善せず。実行予算なし。

④　借入過多
建売住宅が二軒ほど売れ残っており、多額の借入金があり、月々の返済が多く苦しい状況が続いている。

経営支援

①　社長、専務、全社員との面談
会社としての組織ができていませんでした。専務がすべてを握っていて、社長にすら報告していませんでした。借入金について個人保証をさせており、社長は強く言えない弱みがありました。

②　家族会議の開催
平成一六年一一月、社長、三人の娘（長女は社員）とその夫三人（その内二人が社員）に集まってもらい、私は会社の現状を説明し、誰かが社長に就任し、会社を再建すべきだと口説きました。第二会社方式等再建の仕方はあると説得したのですが、借入金過多を理由に、手を上げる人はいませんでした。

③　不動産の売却
所有不動産で処分できるものは売却し、資金繰りに充当。不動産売却の手伝いを種々

行いました。

④　外国人住宅クレーム問題

外国人（台湾人）の住宅を、日本的な契約に基づき工事したところ、ケチをつけられ手直しを次々と要求されました。挙句の果ては、対応の拙さで、損害賠償を要求される始末で、二〇〇〇万円以上の損失が出てしまいました。顧問弁護士がいるというので、裁判に訴えることを社長に進言したのですが、結果的に泣き寝入りとなりました。

⑤　専務（部長）入院

平成一八年二月、会社の実務を握っていた専務（部長）が大腸がんで入院し、現場復帰することなく他界されました。

以来、私とA工務店との関わりは切れているのですが、伝え聞いたところによると、A工務店は倒産したそうです。実際のところは私にどこからも連絡がなく、未確認のままで終わっています。心残りする案件の一つです。

（5）S製作所（平成二二年より関与）

T地域中小企業応援センターの依頼で、約一年間フォローした会社です。S製作所はH自動車の孫請け会社で、トラックの部品製作加工をしている会社です。

会社概要

創　業　昭和二一年（一九四六）
資本金　一〇〇〇万円
業　種　自動車部品製作（大型金属プレス加工）
従業員　二六名（平成二二年六月現在）
売上高　二億四二〇〇万円（平成二一年六月期）
借入金　八億一一〇〇万円（月商倍率四〇倍）

S製作所は昭和二一年創業の歴史のある会社で、二代目社長が長年社長を務め、夫人が専務として経理を取り仕切っていたのですが、夫妻そろって病に倒れ、社長の弟が三代目社長となりましたが、社長の任にあらずということで、社長の長男が平成二〇年九月に四代目の社長としてバトンタッチを受けました。四代目社長は、一流大学卒で電気会社に勤務していたところ、S製作所に呼び戻されました。当然のことながら経営の経験はありませんでした。

私が前日夕方、明日訪問する旨確認し出向いたところ、社長が出勤していないのです。会長（叔父）によると、朝頭が上がらない（起きられない）症状が時々あるとのことでした。

私は日曜日に自宅を探し当てて面談しました。住まいは、豪華な一軒家でしたが、奥さんは息子（大学生）を連れて家を出てしまい、現在、社長は一人住まい、日曜日毎に父親が養護施設より帰宅、その送り迎えをしている由。家族は崩壊しており、本人が病気になるのはうなずける状況が判明しました。

叔父によると、社長は関西の有名なコンサルタント塾へ定期的に通っておりその時は張り切って出かけるとのこと。つかの間の息抜きということのようです。経営状況は以下のとおりでした。

① 売上高推移（最盛期は八億円という）

平成一九年六月期　三億九六三八万円（一〇〇％）

平成二〇年六月期　三億六二一四万円（九一％）

平成二一年六月期　二億四二五五万円（六一％）と大幅減少

② 粗利益率

平成一九年六月　九・三％（経営指標では三〇～四〇％）

平成二〇年六月以降、決算書に製造原価報告書がついていないため計算不能。製造業で製造原価報告書を作成していない企業はありません。税理士に質したところ、「会社から資料が出ないため作成できない」との回答でした。

③　主な取引先

平成二一年度売上実績では、A工業五八%、B機械二四%、この二社で八二%。いずれもH自動車への納入。

④　改善施策

金融機関の推薦で㈱カイゼン・マイスターの「五S啓蒙活動」の勉強会をやりましたが、勉強会当日社長が欠席し、中途半端で終了してしまいました。

私の仲間の診断士に依頼して、職場のレイアウト改善を提案しましたが、全然実行に移されず、これも中途半端に終わってしまいました。

まさに打つ手なしという状態でした。社長は病気もち、経理のできる人がいない（わずか一年足らずで二名の女子社員が退社）という有様です。残された道は金融機関の出方次第ですが、どう考えても通常の手段では再生の見込みはありませんでした。

⑤　S製作所のその後

私の経営支援センター依頼による支援は三回で終了しました。その後、私は商工会の支援スキームでお手伝いをしていましたが、年齢制限で従事できなくなり、若手にバトンタッチしました。したがって、平成二三年六月以降、S製作所がどうなったかについてはわかりません。社長にはその後も個人的に「経営チェックポイント」なる文書を毎月送付しているのですが、何らの反応もありません。残念至極です。

(6)その他の関与事例

以上ティピカルな支援事例について具体的に記述しましたが、以下私が関与した企業の特徴と支援状況を列記しておきます。社長の器でない社長が社長になっている会社、もう少し早く相談しておれば助かったであろう会社等々、私の力不足で自己破産したり、倒産した会社もあります。その後、色々な経験を積んで、倒産を回避させる手法を学びましたが、当時はまだまだ経験不足であったことを反省しております。

一．料亭・食堂　キャッシュレジスターのない前近代的な経営。女将(長女)が経営の任に当たっていますが、祖母(九〇歳超)が実権を握っていて、社長(婿養子)は疎外されている。その息子(大卒)も頼りない。

二．ギャラリー　銀座の画廊。長女が後継者。借入による高額絵画購入。銀行による不良債権処理により倒産。店員の多額の使い込み発覚。

三．書店　城代家老の家柄。融通手形発行。偽装決算書により幾つかの金融機関より借入して過剰債務を抱え倒産。

四．運輸会社　社長夫妻によるお手盛り給与計算。過剰債務。手書き経理。社長交代

五．特殊硝子製作所　不調部門の切り捨て。危機を乗り越えた。

六．空調自動制御工事会社　原価管理不在。取引先に奉仕。再生中。

七．発明家　いわゆる「専門バカ」。借入をして開発、一流企業にその成果を取り上げられ、残ったのは借金のみ。倒産。

八．総合食品会社（ミニスーパー）売上不調、体力がある内に閉店。懸命な対応。

九．コンビニ店　目の前に大型スーパーの出現により売上激減。投資の失敗もあり倒産。

一〇．砥石販売店　先代の過去債務処理問題。陶器業界の不振で売上減少。別の分野へ進出して生き残りを図る。

一一．産業廃棄物処理業　放漫経営。外車運転。社長に経理知識が無く倒産。

一二．籐家具販売　廃業し、店舗を貸しに出し老後に備えた。

一三．運輸会社　過剰債務。大手取引先への債務保証（信じがたい案件）

一四．ラーメン店　過去債務負担問題。親族間の軋轢。

一五．イベント会場設営　リーマン危機以降受注激減。倒産。

一六．半導体部品販売、ＩＴ関連業界の激変により売上不振。ビル買収資金返済不能。

二．会社を潰す社長の類型

私の「赤ひげ」としての活動は、どちらかというと企業経営を軌道に乗せる支援活動でした。日本に社長は何人居るのだろうかと、フト考えました。日本の民間事業所数（個人事業を含む）は、二六年七月現在、五八一万です。総人口一億二千七百万人の四・六％が事業主という計算となります。個人事業主も社長と考えると。社長は百人に五人ということです。その中には社長に相応しくない人もいることでしょう。会社を良くするには、何が必要なのでしょうか。

私はお会いした方々の名刺を総て保存しています。八百枚入り名刺入れケースが二四個あります。単純計算で一万九千二百枚となります。その内、半数位は社長ではないでしょうか。記憶に残るダメ社長を類型的にリストアップしてみました。ダメ社長を半面教師として、良い会社を作って頂きたいものです。第三部第二章「求められる経営者の条件」と併せてお読み下さい。

(1) ワンマン社長

自信家で人の言うことを聞く耳を持たない社長がいます。Y氏は、バブル時代に積極的に借金をしてビルを建て、バブルが弾けて借金を抱えて没落の道を歩かれました。

(2) 甘えん坊社長・お坊ちゃま社長

一人息子、貰われっ子等、甘やかされて育ち、社長になったケースで、世の中が総て自分の思いとおりに行くという思い違えをしている社長。大王製紙の社長がラスベガスで何一〇億も会社の金を使った事例は記憶に新しい。

私の関係した某社の社長は大阪の同業者に修行に出たが、東京まで飛行機を使って度々逃げ帰って来たという。社長になっても社長業が務まらず、大赤字を出す始末。「可愛い子には旅させろ」「獅子の子落とし」の諺があります。

(3) 政治にうつつをぬかす

社業を擲って、政治家に入れあげる社長がいます。番頭の体制が整っておればまだしも、そうで無い場合は、その会社の前途は危ない。

(4) 副業を始める

印刷業者が料亭を始めて、本業もおかしくした事例、工務店が麻雀屋を始めて会社がおかしくなった事例を知っています。本業にシナジー効果のない事業に進出する場合は慎重でありたいものです。

(5) 賭け事・競走馬に走る

工務店社長が競走馬に入れあげ、最後は会社を潰した事例を知っています。他でも、印刷会社で同様のケースがあり会社を潰しました。

(6) 女性関係の乱れ

男女平等社会となり、女性の地位向上に伴い、家庭を乱す行為は、許されなくなっています。家庭の不和は、社業に影響を及ぼし、会社をおかしくする素です。

（7）計数に弱い社長

制度融資申込時に税理士を同行してこられる社長が居ます。幾ら計数に弱いとはいえ、自分の会社の数字位、自分で把握出来ない社長は、社長の資格なしといいたい。

第三章　企業再生支援事例

一．中小企業再生支援協議会アドバイザーとしての支援

「中小企業再生支援協議会」とは、産業競争力強化法に基づき、平成一五年二月から全国各県に一箇所ずつ設置された機関で、バブル景気時代の過剰債務問題を解決する為に設けられ、現在も引続き業務を続けています。協議会は、事業再生に関する知識と経験を有する専門家（金融機関出身者、公認会計士、税理士、弁護士、中小企業診断士など）が常駐し、窮境にある中小企業者からの相談を受け付け、解決に向けた助言や支援施策・支援機関の紹介や、場合によっては弁護士の紹介などを行い（第一次対応）、事業性等一定の条件を満たす場合には、再生計画の策定支援（二次対応）を行う機関です。東京には東京商工会議所

内に設置されています。

（1）支援事例1．（平成一六年一月より関与）

概要

私がガラス業界に明るいということで、アドバイザー就任の要請があり引き受けた案件です。

守秘義務があるので、詳細なことは記述出来ませんが、中小企業庁ホームページに二三五号案件として掲載されていた内容を転記します。

① 企業概要

資本金　一億五〇〇〇万円

売上高　四億三三〇〇万円

従業員　六二名

＊ガラス・サッシ等の建材卸商社であり、業容の拡大を図ってきたが、建設不況に板ガより業績低迷

＊加えて、不動産投資の失敗による損失が大きく、資金繰りに支障を来す状況

② 協議会による計画策定支援

＊私的ガイドラインに基づく、実現可能性の高い再生計画の策定

*国税局に対する、客観的な立場での債権放棄の合理性、公平性の説明

③再生計画

*メインバンクを含む取引金融機関（二行）による貸付金の一部債権放棄

*高付加価値商品の販売強化、ハウスメーカー等への提案営業強化

*雇用形態の弾力化、予算管理徹底等により経費を削減

*メインバンク、中小公庫等によるリスケジュール・金利減免

*経営者責任の明確化（退任・私財提供）

*株主責任の明確化（出資金の一〇〇％減資）

④効果

*雇用確保

*外注先・販売先小売店等への悪影響回避

私が行った支援

①四支店を回り、実態を把握し、今後一〇年間、実現可能な販売予測を行い、経営計画の基礎となる数字を算出して、会計士と打合せながら再生計画を作成。

②三ヶ年間、毎月、会計士と一緒に経営会議・営業会議に参加して、売上・損益等のチェックを行い、必要なアドバスを行いました。

③　四支店を巡回し、支店長の諮問に答え、売上拡大支援を行いました。

④　社長の各種相談に乗りました。

アクシデント

経営責任を取って、社長が退任し、長男を社長に就けたのですが、発病、前社長夫人（元常務）を社長とするというアクシデントが起こりました。

この案件に関与しての感想

①　メインバンクが信用金庫（信用金庫は組合組織）であった為、債権放棄について理事会の了承を得る迄に約一年掛かりました。メガバンクであれば債権放棄は比較的簡単に結論が出るのですが、組合組織の信用金庫の難しさを認識させられました。

②　前社長は、退任後間もなくの平成二〇年に逝去されました。小生より一歳年下でした。後継者として社長に取り立てた息子が病気となり、さぞ無念のうちに亡くなられたことと推察します。

③　なお、当社は計画策定十年後の、本年（二七年）二月、我々が描いた計画をほぼ達成され順調に事業を継続されています。

（2）支援事例2.（平成一六年一一月関与）

①　企業概要

資本金　一〇〇〇万円
業　種　サッシ取付業
売上高　九億一六五〇万円
従業員　一六名　（他に取付職人四八名）
借入金　二億四〇〇〇万円

バブル期の過剰投資による借入金返済が経営を圧迫、取付職人の労務費負担、メーカーとの特殊な関係をどう調整するかについて相談に乗りました。

二．民事再生事案に関与

民事再生法とは、大正一一年制定の和議法に代わり、平成一二年（二〇〇〇年）に制定された再建型倒産処理手続きです。会社更正法では、更正手続きをすると、経営者は引退しなければなりませんが、民事再生法では、経営者はそのまま経営を続けることが出来るので、大会社でもこれを選ぶ会社が多くなっています。青木建設、第一家庭電器、ライブドア、大阪書籍、志多組等々が民事再生法を適用申請しています。

（1）民事再生支援事例1．

①　会社概要

業種　産業用機械製造販売
資本金　二四〇〇百万円
従業員　三五名
売上高　六・七億（平成一六年六月期）
負債総額　六・七億円

② 民事再生申立後の経緯と現状

経営は順調でしたが、年商以上の大型案件を二つを同時に受注、クレームが発生して、支払を止められたため、資金繰りに窮しました。また、販売に際し中間に入っていた販社も支援を打ち切ったため、平成一六年六月、やむなく民事再生を申請しました。

私は、弁護士探しや、申請書の作成等を泊まり込みで支援しました。申立一ヶ月後に裁判所より開始決定が出ました。

民事再生申請後は、銀行取引が一切出来ないため、資金繰りに苦労しましたが、前金を三分の一現金で貰うことで材料を仕入れて生産を継続しました。

しかし、平成二〇年九月のリーマンショックにより、受注予定の案件をキャンセルされ、サービサー（銀行が債権をサービサーに売却し、サービサーが社長の自宅と工場に担保設定）への返済が出来なくなり、自宅と工場が競売にかけられました。

知り合いの不動産屋に落札して貰いリースバックするというスキームを考え手を打ちましたが、落札に失敗し、工場を無くし、やむなく市の郊外に工場を借りて現在も営業を継続して頑張っています。

③　反省

何故民事再生に迄追い込まれたのか、何故避けられなかったのか、いまさらながら、考察しておきましょう。

何故年商に相当するような案件二つを同時に受注するという判断をしたのであろうか、会社の実力を考えて、一つの案件に注力しておれば、クレームもつかず儲かっていたと思われます。工事会社に限らず、一般の会社でも、自社のキャパシティー（人・物・金）を考えて、受注を取るはずではないでしょうか。他山の石として下さい。

（2）民事再生支援事例2

ある土木用部品製造業者で、民事再生申請後六年が経過した案件に関する相談でした。リーマンショックで、売上が一挙に七割も減少、計画した弁済が出来なくなった。助けてやって欲しいと東京商工会議所O支部より声が掛かりました。

民事再生申請の理由は、平成十年頃、新潟県の某地区に原子力発電所を建設する計画が持ち上がり、当社は、借金をして近くに土地を購入し工場を建設しました。ところが、住民の反対運動で原発の建設は中止となり、借金のみが残ったという案件です。

① 会社概況

業　種　　土木用部品製造業

資本金　　一〇〇〇万円、

売　上　　一・九億円（平成一九年九月期）

従業員　　一五名

確定債権総額　五・一億

② 支援内容

大口弁済先は、金融機関、東京保証協会、サービサーの三社。三社の担当者に会い事情を説明して、リスケ案を了承して貰いました。

③ 平成二一年の民主党政権の発足に伴い「コンクリートから人へ」政策で、土木工事業界は壊滅的な打撃を受け、当社の仕事も激減し、苦しい経営を余儀なくされていました。加えて、国産より安い中国製品が輸入され、国内でも使われるようになり、注文が減少しているのです。

④ 土木業界の仕事の減少対策として、社長の息子（男子三人）は、土木以外の仕事を獲注しようとするのですが、社長（一九四五年生まれ）は土木に拘り幾ら説得しても埒が

あかない状況が続いています。過去のよき時代の味が忘れられないようです。

⑤ 平成二六年三月、民事再生申立より十年を経過、中々売却出来なかった工場の余剰地も売れ、関係金融機関の別除権債務は、「K信組」の立替融資により、全額弁済して、当民事再生案件は終結しました。「捨てる神あれば、拾う神あり」という諺通りです。しかし売上げが伸びず、苦しい資金繰りが続いています。

⑥ 社長は脳溢血で倒れ足と手に後遺症が残り、常人の働きが出来ないのですが、息子達を課長止まりとして、実権を任そうとしません。酒を飲みながら何時間も話合いましたが分って貰えず、平成二七年三月末で顧問契約を解除されました。事業継承問題の難しさを体験させられた案件でした。

第四章　創業支援事例

戦後開業した創業者が高齢化し、後継者が会社を継承しないケースが増えています。廃業率が創業率を大幅に上回り、会社の数は、二〇〇一年に四七〇万社あったのが、二〇一二年には三九〇万社へと減少しています。政府も危機感を抱き、創業支援に力を入れています。

今まで会社再生のことについて書いてきましたが、私は創業支援にも力を入れておりますので、支援事例について述べてみましょう。

一．杉並区商工相談員としての支援

相談員を十一年間勤めた間に、創業支援融資申請を通じて、事業計画書作成、損益計画・資金繰り計画作成支援を行い、その後も陰に陽に相談に乗り、事業を軌道に乗せた会社は数多くあります。一例を挙げます。

①　有機野菜販売、

資本金　三〇〇万円（有限会社）
創　業　平成一〇年四月
年　商　初年度四〇〇〇万円。現在四億
商　品　冷凍ソテーオニオン、冷凍脱水野菜、フレッシュ野菜の販売

食品関連の企業に勤務していた社長が独立、夫妻で創業。ホウレン草を一反（三三〇㎡）単位で買上げ、冷凍。また、たまねぎを北海道でまとめて購入しソテーにして冷凍。そして年間を通してレストラン・学校給食用等に売り捌く商売を始められました。保管料が高くつき資金繰りが大変。種々の困難を乗り切って、一昨年には、幕張メッセでの「ジャパ

ンフードフェスタ」に出展するほどに成長されました。

② ペット用アパレル製造販売会社、

資本金　一千万円（株式会社）

創　業　平成一〇年五月

商　品　ペットの保護同着衣・ペット洋品。

店　舗　柿の木坂本店、玉川高島屋店、名古屋営業所、自由が丘店等多店舗展開

社長はアパレルのデザイナー出身。知り合いの獣医師の依頼で動物の保護同着衣を開発し特許出願、同時に、動物用アパレル会社設立を決意され、アメリカの現状視察をするなどして準備万端、創業を目指されました。しかし、平成一〇年当時は女性が創業資金を借りるにはハードルが高く難航しました。最初女性二人で会社を始める予定でしたが、一人が脱落、単独で創業することとなり、夫君の保証をつけて借入に成功。作品が玉川高島屋で認められ、名古屋高島屋、東急ハンズ等へと販路が拡大。その後、世田谷の柿の木坂に本店を建設するまでに成長され、現在は各地に多店舗展開されています。

③ オリーブ油輸入販売会社

資本金　三〇〇万円（有限会社）
創　業　平成一三年七月
商　品　イタリアより輸入のオリーブ油、ハチミツ、アンチョビ等

娘さんがイタリア人と結婚。夫君の故郷のオリーブ油のおいしさに惚れ、これを日本で販売する会社を設立。レストランに売り込んだのですが相手にされず、小生の元に相談に来られました。阿佐ヶ谷に小売店舗を開設、河北病院の外科部長の推挙を得ることが出来、週刊朝日に取り上げられたことにより、一挙に火がつく。オリーブ油のみでなくハチミツ、アンチョビ等も輸入し、贈答セットを作り歳暮、中元商戦に打って出たことにより、商売は軌道に乗りました。

④　沖縄物産販売店
資本金　個人
創　業　平成一五年三月
商　品　沖縄の物産販売（野菜、加工食品、酒類、美術品等沖縄関係の物総て）

開店資金を抑えるため、内装は総て自分で施工。開店前より商店会に入会、地元との関係を構築。ホームページで奥さんが作った「沖縄の材料を使った料理のレシピ」を紹介す

る等の販売戦略を展開。順調に売上を増やし、五年後に阿佐ヶ谷一番の繁華街である商店街にある広い店へ移転し、飲食も出来る店に変身。綿密な計画と「小さく産んで大きく育てる」戦略が成功の要因であったと思います。

二．杉並区中小企業診断士会の「創業支援セミナー」

私が代表を勤めていた杉並区中小企業診断士会は、杉並区、東京商工会議所、全国商店街連合会等より受託して「創業セミナー」を殆ど毎年開催し、創業者を輩出してきました。そのノウハウの集積は診断士会の大きな強みとなっています。別項にまとめてあります。

三．NPO法人CBすぎなみプラスとしての取組

東京都産業労働局金融部が推進している「女性・若者・シニア創業支援事業」のアドバイザーに私が代表をしている「NPO法人CBすぎなみプラス」が選ばれ、今まで行政の制度融資、金融機関等から疎外されてきたNPO法人も融資が受けられるようになりました。

この事業は、創業セミナーを開催して創業者を募り、資金が必要な創業者には、信用金庫・信用組合より創業資金を融資し、五年間経営のアシストをするというスキームです。

なぜ、東京都の金融部が推進しているかですが、預貸率が低下している信金・信組に地元の創業者に融資するきっかけ作りのためだと私は理解しています。

第五章　事業承継支援事例

私は今まで述べて来たように、多くの会社の支援をしてきました。そして後継者問題で躓いた会社を沢山見てきました。先に述べた、O社の事例は後継者作りに失敗した、若しくは選定を誤った事例です。日本には千年以上続いている会社が七社もあり、百年以上の会社は約二万七三三五社（二〇一六年度TDB調べ）あります（第三部第三章参照）。これらの会社が何故続いたのかについて学ぶ必要があります。後継者を育てるのは社長の最重要課題です。

事例1

M県の筆者の高校時代の同級生が社長をしていた機械部品加工製造会社のことです。一人息子が会社を継がないのでどうしようかという相談がありました。M＆Aで会社を売る段取りをしていました。

処が、平成二〇年（二〇〇八）のリーマンショックで息子が働いていた会社が不調に陥り、退職を余儀なくされ、故郷へ帰ってきました。そこで、夫妻揃って上京し相談がありました。親しい友人のことであり、他人事ではありません。翌年の二一年、小生が社外取締役となり、会社改革に着手しました。先ず、叔父・叔母・兄弟姉妹等に分散していた株式を全部社長に買上げて貰いました。その後、叔父である専務・常務に辞めて貰い、息子を迎え入れる環境を整えました。息子は機械加工のことは全然無知。職業訓練校で、機械加工の基礎を学び、六ヶ月後に入社。職場の各部署を一巡後、事務所へ入り、社長と得意先を回り、営業の第一線に立ちました。息子は慎重で緻密な計画が作成出来る社長として合格点をあげられる好青年です。二年後に社長交代を実現。社長はガンを患って完治していたのですが、社長交代後再発し、交代二年後にあの世に先立ちました。安心して旅立ったと考えています。本当にスムースに交代が実現した事例です。

事例2

G県の建材小売店の事例です。息子は一流大学を卒業、一流企業に就職しました。夫妻は、後継者をどうするかを考える段階になって、息子を店に引き戻すため、一計を案じました。息子に会社がいかに儲かっているかを知らしめるため、夫妻は海外旅行に頻繁に出掛けました。そこ結果、息子は会社を辞めて、店を継ぐことになりました。何だか漫画チックな話ですが、親父達が苦労して働いても儲からない現実を見ている息子達にしてみれば、店を継ぐことに躊躇するのは当たり前です。愚痴を言いながら商売をすることは厳禁です。後継者問題は商売が順調かどうかに掛かっているのです。

事例3

娘に婿養子を迎えた事例です。娘二人の会社で、事業は順調でした。次女に養子を迎え、私はその仲人を勤めました。加工会社だったので、婿に技術を教え、事業承継が終わった処で、社長は病に倒れ、間もなく亡くなりました。安心してあの世に旅だったことでしょう。婿養子をとる会社は世間にザラにあります。ゼネコンの鹿島建設、松下電器（現パナソニック）などは最たる事例です。

後継者がいない会社の社長には、体力があるうちに廃業するなり、M&Aして会社を売却するように奨めています。M&Aとは、Mergers and Acquisitions 合併と買収のことです。一昔前には、M&Aといえば、大会社の事と考えられていましたが、現在では、中小企業でも、日常茶飯事となっています。

第三部　中小企業経営者へのメッセージ（執筆・講義・講演より）

この章では、私が中小企業向けに雑誌等に投稿した文書の内容を一部修正補填して、中小企業経営の指針として提示させて頂きます。

第一章　会社は社長次第（しんくみ情報誌ボンビバーン掲載）

一．勇将の下に弱卒なし、鰯は頭から腐る

旧知の事実ですが、日産自動車はカルロス・ゴーン社長によって、あれよ、あれよという間に優良企業に蘇生しました。

精密小型モーターで世界のトップを快走する日本電産の永守重信社長は、次々と不良会社を傘下に収め、会社を立て直しています。

破綻に瀕した、日本航空が京セラ名誉顧問稲盛和夫会長の下に見事に再生し、短期間で再上場を果たしました。

まさに社長が変われば会社が変わる好例です。大企業の社長に出来て、中小企業の社長に出来ないわけはありません。

私も、前章までに触れてきたように、不良会社（子会社や代理店）六社を建て直してきま

した。最短期間の成果は、七ヶ月で月次損益を黒字化して、次の社長にバトンタッチしました。

私が用いるキーワードは次の二つです。

「入るを図りて、出るを制す」

「社員のやる気を引き出す」

前者を平たく言えば、亭主の稼ぎ以内に家計の支出を抑えれば、赤字にならないということです。一期位赤字であっても、来期取り返すとのんきに構えていませんか？「赤字は悪だ」と強く訴える所以です。毎月月次損益を把握し、赤字であれば対策を取る必要があります。

私が社長として乗り込んで具体的にやったことは次の九項目です。

①社員全員への面接、お得意先訪問による、問題点の早期発見と対策の実施
②社訓（社是）の制定
③凡事徹底（挨拶、掃除、整理整頓）
④テストによる人材の見極めと登用

⑤トップの公私混同の排除（家業から企業へ、徹底したムダの排除）
⑥過去の膿（不良債権、不良資産）の摘出・整理
⑦仕入・売上伝票の徹底的チェック
⑧社員教育の実施（毎朝朝礼を実施、勉強会、幹部合宿、外部研修派遣等）
⑨給与規定の改訂（決算賞与の約束、やる気を引き出すシステムの構築）

これだけのことで、社員のやる気は漲り、会社は活性化し、経営を軌道に乗せることができました。

二.「赤字は悪だ」赤字は社長の責任

私は、自治体の制度融資の審査に長らく関わりました。当該企業の決算書を開いて最初に見るのは、最終損益が黒字か赤字かです。赤字であれば、税務申告書別表七で、何年度に発生した赤字かをチェックして（七年前からの税務上の赤字発生状況がわかる）その理由をたずねます。これだけで、当該企業の経営状況についての見当がつきます。

決算書を一見すれば、正常な（公正な）決算書か、節税型か、粉飾型かがわかります。決算書は「社長の通信簿」です。

しかし、建設業の場合、公共工事を受注するには、経営事項審査（経審）をパスしなけ

ればならず、売掛金、未成工事支出金等を水増し、実際は赤字なのに、黒字に粉飾しているケースが非常に多いのです。約五割が粉飾していると云われています。それらの公知な事実がありながら、この制度が生きているとは、不思議な制度です。上場企業の場合、粉飾決算は法律違反で制裁を受けなければなりません。

社長の責務は、会社に利益をもたらすことです。赤字を出したら、即退陣するくらいの覚悟で経営に臨むべきです。中小企業経営者で赤字を出したら退陣も辞さない覚悟で日々経営に当たっている社長がどれだけいるでしょうか？

経営は「常在戦場」の覚悟が必要です。会社が倒産すれば、顧客、販売先、仕入先、従業員とその家族、金融機関等々に多大な迷惑をかけます。社長は、会社は社会の公器だという自覚をもつべきです。

赤字を景気のせい、親会社のせい、他人（部下や従業員等）のせい、金融機関のせいにしていませんか？

「すべては己がことなり」と悟ることです。私が関与した事例では、売上がピーク時に比して半減したのに、経営の舵取りの変換ができず、六年間も連続赤字を出し続け、銀行より追加融資を得られなくなった事例があります。そこで私の出番となり、「隗より始めよ」ということで、役員報酬のカット、役員用自動車の廃止、無能な役員の解雇等の手を打ち、然る後に、従業員の給与体系（実質ダウン）の改訂を実施し、危機を乗り切りました。

「赤字は悪」と認識し、赤字は誰れの責任でもなく、社長自身の責任であることを片時も忘れないことです。

皆さんの会社では、月次試算表は翌月何日にできますか?大会社では、月初の二、三日に出来るところがあります。税理士によっては、請求しないと作ってくれないところもあります。決算まで一度も試算表を見ないという経営者も居ます。

現時は、経営環境変化の激しい時代です。いつ隣にライバル会社が進出してくるかわかりません。そのときになって慌てても遅いのです。毎月試算表を作り、月次損益が赤字であれば、すぐ対応策を立てることが必要です。

売上総利益（＝売上高×粗利益率）－販売管理費（軽費）＝営業利益

この公式を頭に叩きこんでおいて下さい。シンプルにいえば、売上総利益（粗利）を確保し、販売管理費（軽費）を削減すれば、赤字は防げます。「入るを図りて、出るを制す」です。

かのダーウインも「優秀なものが生き残るのではない、変化に対応できるもののみが生き残る」といっています。正に経営は「環境変化対応業」です。変化に対応出来るもののみが生き残れるのです。変化を察知する道具が「月次試算表」です。

三. 会社の危機、そのとき社長はどうする？

会社の危機の要因には「販売不振」「取引先倒産」「売掛金回収困難」「借入過多」「赤字累積」などいろいろあげられますが、私の経験から中小企業経営者に共通していることがあります。

それは、事態が進行して、明日にも倒産しそうになってから、相談に来られる方がいるのです。その時には、すでに手の施しようが無くなっています。遅きに失したということです。病気でいえばガンの第四期、第五期の末期症状段階になって、漸く相談にくるという事例が非常に多いということです。私の取引先の医者嫌いの社長が病院へ行ったら手遅れと言うことで一週間の煩いであの世に行ってしまいました。コンサルタント嫌いの経営者が中には居ます。病気と同じで、経営も元気なうちにコンサルタントに相談するようにして頂きたいと痛切に思っています。

そのような状況に追い込まれないようふだんから対策を講じておくことが肝要ですが、そういかないのが現実です。それでも、取るべき緊急対策を考えておかなければならないのです。

① まず止血をする

経営が赤字だということは、人体にたとえれば出血している状態です。まずは止血しましょう。社員を減らす、赤字店舗・工場を閉鎖する、在庫を減らす等のリストラを考えるということです。

② 月々の返済額を減らす

金融機関等より借入があり、返済が出来なくなった場合は、月々の元金返済額を減らす。リスケジュール（リスケという）の交渉をしましょう。

その場合必要なことは、再建計画書を作り、金融機関等を納得させることです。また「私募債」の発行、親戚、篤志家等に援助を求めることも考えましょう。

③ 営業譲渡、会社分割等も

M＆A（企業の合併・買収）が日本でも当たり前のようになりました。思い切って営業譲渡、会社分割等の手を打つことも考えましょう。

④ 民事再生法を申請しよう

法的手段による解決も考えてみましょう。和議法に代わり施行された「民事再生」の申請をする手もあります。同法は中小企業向けです。「会社更生法」は経営者の交代が条件ですが、「民事再生法」では、経営者交代は必要条件ではありません。

また、体力があるうちに会社清算という手もあります。

⑤　信頼できる専門家に相談する

法的手段による解決はもとより、いざという時の相談相手をもっているということも重要です。

私が知る案件で、まだ充分再生が可能な案件を弁護士に相談したら、自己破産を奨められたということです。弁護士も色々、本当に中小企業の経営について、無知な弁護士が居ます。

税理士も同じです。税務申告のプロであっても、経営に関しては無知な方もいます。「こんな税理士が会社をダメにする」「テキトー税理士が会社を潰す」という本もあるくらいです。

自治体（都、県、市町村）の商工相談窓口、商工会議所、商工会では普段から経営相談に乗っています。こういうところは相談がしやすいでしょう。

企業再生に詳しい、国家資格を持つ中小企業診断士に相談してみましょう。

各県に設置されている「再生支援協議会」に相談する手もあります。協議会は、本業は儲かっているが、設備過剰投資、不動産投資、株式投資等で多額の負債を抱えている会社の再生の相談にのっています。

⑥　最後の最後に、法的手段に依らなければならず、弁護士費用もない場合は、無料の法

律相談所に相談しましょう。

⑦　手を出さない、切り合わない、近づかない

反対に会社の危機に陥ったからといって、絶対にやってはならないこともあげておきましょう。

消費者金融、街金等には断じて手を出してはなりません。雪だるま式に借金はどんどん膨らんでいきます。街金に手を出すと、金融機関は手を引きます。

親しい仲間同士で「融通手形」を切り合う場合があります。これも蟻地獄に入ったも同然です。決して誘いに乗らないことです。

また、うわさを聞きつけ、言葉巧みに「整理屋」「再建屋」と呼ばれる手合いが弱みに付け込んで寄ってきます。近づいてはなりません。

忘れてならない言葉は「ネバーギブアップ」

「民事再生」を申請した会社の社長が自宅からいなくなって、親戚が探したところ祖先の墓場を彷徨していたとか、保険金を使えと遺書を残して自殺した社長の事例を知っています。一人で悩まず、八方手を尽くしましょう。

倒産相談に乗ってくれる「八起会」（倒産一一〇番）という会もあります。志のある仲間が起こした「一般社団法人経営実践支援協会」の門を叩いて下さい。

やけにならず、落ち込まず、この言葉を実際に声に出していってみましょう。

ネバーギブアップ

四．事業の総点検をしよう！

ここで、一刻も早く過去に決別して、元気はつらつとした会社に変身するための、事業再構築の手法を概説します。

① 事業リストラ

「リストラ」とは「リストラクチャリング（Restructuring）の略で、日本では「解雇」「首切り」のことと思われていますが、本来の意味は「再構築」です。ここでは会社が事業を見直し、組織を再編成することを「事業リストラ」と呼びます。

経済がグローバル化し、経営環境が激変しています。製造拠点の海外移転、海外への製造委託、公共事業の激減・談合摘発、ＩＴ化等が進展しています。現有の経営資源を有効活用するための「選択と集中」を図りましょう。

不採算部門の切り捨て、事業転換・撤退、会社の分割・分社化、Ｍ＆Ａの活用を検討することも大切です。

② 業務リストラ

業務リストラとは、要するに合理的な経営を目指すことです。そのメインテーマは「営業利益の拡大」です。すなわち、「損益計算書」の各勘定項目の再点検をするということです。

売上、原価、人件費、経費等、会社の業務を壱から再点検します。創業時の原点に戻り、ゼロベースで経営の見直しを行いましょう。

③ 財務リストラ

財務リストラは一言でいうと、貸借対照表項目を縮小健全化することです。未回収の売掛金、過大な在庫、有効活用されていない不動産や有価証券等が眠っていませんか。これらをキャッシュ化することが必要です。

金融機関からの過大な借入、経営者よりの借入、もしくは貸付等を整理し健全な状態にすることが財務リストラです。

④ M&A

M&A（企業の合併・買収）は事業継承の一手法です。旧聞に属しますが、村上ファンド、ライブドア、王子製紙等が話題をふりまいたことをご記憶の方もいらっしゃるでしょう。

中小企業においても、事業ごと会社を売却する、事業の一部を分割して売却する等の事例が増えています。では、M&Aの相談はどこへ行けばいいでしょうか。

身近なところでは、税理士、公認会計士ですが、企業再生の専門家ではありません。自治体（都、県、市町村）の商工窓口、商工会議所、商工会の窓口は手軽に相談に応じてくれます。商工会議所等には専門窓口があります。

もっと有効なのは国家資格を持った中小企業診断士に相談しましょう。「ターンアラウンド・マネージャー」という新しい認定資格を持ったプロもしくはその集団が最適です。

本業は順調だが、多重債務を抱えている企業は、各県ごとに設置されている「再生支援協議会」に相談しましょう。民間にも再生・事業承継を専門にして活動している事業会社があります。

第二章　求められる経営者の条件（講演会テーマ）

「会社は社長次第」と書きました。今まで関係した会社の社長の中には、社長に相応しくない方が沢山居ました。長男だから社長にした、なったという方や、元々社長になってはいけない性格破綻者が社長になっているケースもありました。

『大阪「NOREN」百年会』の会員に対する調査があります。「百年会に入るには厳格な掟があり、本当に老舗企業に相応しい会社しか会員になれません。この会員会社の企業の経営者は半数以上が社外出身者です。ということは、老舗企業を経営し、継続して行くにはそれに相応しい能力が必要だと言うことに他なりません。その経営者たちが「経営者の条件」として挙げた上位七項目は次の通りです。

① 先見性・洞察力

先に関与事例に取り上げた馬喰町の足袋卸O社は倒産しましたが、同じ足袋業界出身のブリヂストンタイヤの石橋正次郎氏は足袋から地下足袋、ゴム靴、自動車のタイヤへと転身しました。まさに先見性を絵に描いたような見事な事業家でした。先見性はどうして身につくのでしょうか。歴史に学び、国内のみならず外国を見聞し、情報を常に仕入れ、問題意識を持つことではないだろうかと考えます。

グローバル化が急速に進んでいます。競争は全世界的です。技術の進歩も早い宇宙時代です。常に広い視野でものを見、考えることです。停滞は許されません。「秒進分歩」です。進路を決めるのは社長です。

② 使命感

創業社長は自分の夢実現を目指しますが、二代目、三代目以降は先代から受け継いだ会社を如何に守り、発展させて行くかという使命感に燃えて経営に当たらねばなりません。マラソンのランナーと同じです。プレッシャーを感じるでしょうが、それを撥ね除けるだけの精神力が必要です。

③　統率力

社長は例えてみれば船舶の船長です。飛行機のパイロットです。多くの乗船客や搭乗者の生命を預かっているのです。部下を統率して、お客の生命を守る必要があります。戦国武将のような強さ、知恵が求められます。

④　判断力

よく勉強し、日頃の情報収集を怠らず、正しい判断をしなければなりません。テレビ・新聞の情報は一方に偏っていることがあるので、「両面思考」「複眼思考」を心掛ける必要があります。

⑤　決断力

社長は、即断即決を求められることが多々有ります。社長の中には中々決断が出来ない人がいます。飲食店で何を食べるかぐずぐずと中々決められない人がいます。あれは癖です。なるべく即断即決をするように癖付けするとよいと思います。朝礼暮改があってもよい。私は、慎重を要する案件の場合は一晩寝かして翌日返事するようにしています。

⑥　責任感

引き受けたからには、何が何でもやり遂げるという責任感のある人には、仕事が集まります。

⑦　人間的魅力

人間的魅力というのは漠然としていますが、私の経験からも欠かせない条件です。あの社長ならついて行こうと思わせるような社長でありたいものです。

筆者の体験より更に付け加えたい項目があります。列記します。

①　夢（ビジョン）を持っているか

人間は誰しも「夢」を持っています。会社にとっての夢は「ビジョン」です。ビジョン無き社長は、社長の資格がないといえます。

②　プラス思考

先頭に立って、社員を目標に向かわせるのが社長の勤めです。その社長が何時も泣き言（マイナス思考）を言っているとしたら、社員はどうすればよいでしょう。「出来ない」のでなく「出来る」ようにするにはどうするかという「プラス思考」が必要です。

③　計数感覚

会社経営は、数字に始まり、数字に終わります。これだけ変化が激しく、競争が厳しい時代です。計数把握なくして、サバイバル競争を勝ち抜くことは出来ません。どうしても数字に弱ければ、計数に明るいスタッフを持ちましょう。

④　バランス感覚

幾ら高品質でも高すぎれば売れません。売上と品質のバランス。幾ら売り上げても利益が伴わなければ経営が成り立ちません。売上と利益のバランス。先に上げたO社の事例のように、いくら経理が完璧でも、社内の体制が崩れていれば無意味です。

⑤　健全な心身

「健全なる精神は、健全なる身体に宿る」と言われるように、社長は健康でなければなりません。心配事があると必ず身体の何処かに故障が現れます。資金繰りに追われて夜眠れないという社長に何人も出会いました。こんな状況で前向きな発想は絶対に出てきません。暴飲暴食などは以ての外。社長の体は、社長一人の体でないことを自覚しましょう。

⑥　情報収集力

ＩＴ化、グローバル化が進展しています。情報が瞬時に全世界に伝わる時代です。情報はそのつもりでいると、自分のアンテナに引っかかるものです。情報に振り回されることなく、情報を活用しましょう。

何時の時代も経営者に求められる本質的な条件は変わりません。これらの条件を備えた人が経営者に選ばれ、企業は存続していくのです。

第三章　老舗企業とファミリービジネス（講演会テーマに加筆）

一．老舗企業が続く理由（わけ）

私は中小企業経営者の方に、よく老舗企業はなぜ続くのかという話をします。

一般的に「老舗」とは、①先祖代々の業を守り継ぐこと。②先祖代々から続いて繁盛している店。また、それによって得た顧客の信用・愛顧。と広辞苑に書かれています。

老舗企業即長寿企業と解釈してよいでしょう。帝国データバンクの調査（二〇一四年）によると、創業一〇〇年以上の企業は、全国で二万七千三百三五社あるということが判明したと発表しています。第一次世界大戦が勃発した一九一四年に創業し、昨年一〇〇年を迎えた企業は一二三二社あるといいます。

因みに、「老舗企業の研究」（生産性出版）によると、一〇〇〇年以上は七社、五〇〇年以上は三二社、二〇〇年以上は七〇七社あるということで、世界中で老舗企業の多さは突出しています。

老舗企業の存続は、日本の家制度と密接に関係しています。お店の存続のためには、必ずしも長男がお店を継いでいるわけではありません。血縁者以外の者を家の維持運営に取り入れ、かつ一族の争いを避ける知恵を働かせています。

伝統を守るために「家訓」を定め、それを近代化の流れに変化・順応させて、「社是・社訓」として伝承してきています。たとえば、江戸時代に呉服店であった「大丸」（創業一七三六年）の社訓は「先義後利」です。これは現在の「大丸」に引き継がれています。

老舗企業は、時代の流れに対応して、顧客ニーズの変化に即応し、時代の半歩先を行く技術革新をし、販売チャンネルを変え、新規事業を立ち上げ、「家訓」の解釈を新しい時代に合わせるなど柔軟に生き延びてきました。

たとえば、和菓子業界の老舗「虎屋」（創業一二四一年）は、和菓子事業を核に、パリ・ニューヨークにも店舗をもつ国際企業となっています。

静岡の「村上開明堂」(創業一八八二年)は、金具・鏡から出発し、鏡の技術を深化・応用し、今や自動車のバックミラーのトップ企業となり、上場を果たしています。

焼津の「マルハチ村松」(創業一八六八年)も鰹節からスタートして、「鰹エキス」「鰹の素」等次々と新製品を開発し、また積極的に新しい情報システムを取り入れ発展していま す。

連綿として受け継いできた「家訓」「社是・社訓」には、顧客第一主義、本業重視、品質本位、製法の維持・継承、従業員重視等が謳い込まれ、「伝統」として受け継がれてきました。これらは、現代にも通じる考え方です。

さらに、老舗企業は「三方よし」の考え方を実践してきました。三方とは「売り手よし、買い手よし、世間よし」のことです。現代風にいえば、企業の社会的責任の実践ということでしょう。

たとえば、秩父の「矢尾百貨店」(創業一七四九年)に見られるように、「世間よし」を実践していて、百姓一揆の難を逃れた話は有名です。

中小企業経営者は、自分の経営と老舗企業の経営のあり方を対比してみると、いろいろ示唆に富んだ気づきがあると思います。

二．同族企業とファミリービジネス

同族企業において昨今話題が多い。大塚家具の父と娘の対立、ロッテにおける兄弟間の争い、大王製紙の社長の多額の個人的支出問題、林原一族会社の破綻等々。

① 同族企業とは

同族企業とは、特定の親族などが支配・経営する組織のことです。同族企業は、同族経営、同族会社とも云われます。

日本の法人税法では、上位三株主の持株比率を合わせて五〇％を超える会社を「同族会社」と定義しています。この定義によると、中小企業の大部分や、買収防衛策として経営者が株式の大部分を持っている一部大企業も同族会社と認定されます。

私が関与したほとんどの企業が同族会社です。現在大企業となっている会社、例えばパナソニック（元松下電器産業）も同族企業から出発しています。第一次産業といわれる農業・漁業者は夫婦・親子で営んでいます。いわば家業なのです。家業が大きくなって人を雇い会社となっても、相変わらず家業の延長線上で経営しているところに問題が起こるのです。

先に取り上げたＨ社が良い事例です。家業と企業の分離ができていないところに問題があったのです。会社が大きくなり、他人を雇い入れるようになった時点、若しくは法人化

（株式会社、合同会社、合資会社等）した時点で経営者が頭を切り変えて、家業から企業へ蛻変（脱皮）する必要があるのです。

② ファミリービジネス

同族企業とファミリービジネスとはどう違うのでしょうか。「ファミリービジネスとは、現在も創業家一族が所有し、経営における実質的な支配権を行使している企業をいう」とされています。例えば、出資比率がファミリー全体で五％しかなくても、創業家一族が経営陣になって、実質的に支配している場合は、ファミリービジネスです。例えば、トヨタ自動車、竹中工務店、サントリー、大正製薬、東武鉄道、丸井等が該当します。日本では、企業数の約九五％がファミリー企業であるといわれています。その数三万社。ファミリービジネスの強みは ①長期的視点に立った経営 ②継続への強い執念 ③安定性重視の財務戦略 ④ステークホルダーとの長期関係性の重視 ⑤他社との差異化への拘り ⑥創造的破壊を良しとする社風等が挙げられますが、陥りかねない落とし穴は ①会社の私物化 ②身内への甘さ ③親族間の紛争等があります。事例に事欠きません。

③ エノキアン協会

フランスのパリに本部のある一九八一年に設立された経済団体で、二〇〇年以上の企業のみが加盟を許される老舗企業の国際組織。協会への加入資格は、①創業以来二〇〇年以上の社史を持っていること、②創業者の子孫が現在でも経営者若しくは役員であること、③家族が会社のオーナー若しくは筆頭株主であること、④現在でも健全経営を維持していることとなっています。二〇一〇年現在、全世界で四〇社加盟していますが、このうち五社（月桂冠、赤福、法師、岡谷鋼機、虎屋）が日本企業です。因みに、イタリアが一四社、フランスが一二社、ドイツ三社、オランダ・スイス各二社、ベルギー・北アイルランド各一社となっています。日本は健闘しています。

第四章　社長のための実践的コミュニケーション術（執筆）

（ある商工会議所に依頼されて、題記の小冊子を書きました。小生が社長をした会社で実践したことを体系的に纏めたものです）

一．社員とのコミュニケーションの取り方

①　コミュニケーションは心のつながりが基本

コミュニケーションとは「複数の人間や動物などが、感情、意志、情操などを、受け取りあうこと、あるいは伝え合うこと」と、語義的には定義されています。コミュニケーシ

ョンが成立するためには、適切な発信行動がとられるだけでなく、受け手が適切なシグナル・媒体に注意を向けて情報を受信したうえで、さらに的確な理解をしているかどうかが問題になります。

企業経営の要素は「人・物・金・情報」といわれています。

「人」とは社員のことです。社員とは取締役、部課長、一般社員、臨時従業員（パート・アルバイト）等の全社員を指します。人がいて初めて機械、車両、コンピュータは動きます。営業も人なしには成り立ちません。ロボットに制作はできても営業はできません。社員のやる気が、会社の業績を左右します。その意味では、社員とのコミュニケーションは重要です。

「物」とは、工場設備、製造設備、製・商品等です。発注先、仕入先、下請け先等とのコミュニケーションが必要になります。

「金」とは、企業経営に欠かせない「資金」のことです。お金がないといくら人・物があっても、経営は成り立ちません。その意味で、金融機関とのコミュニケーションは欠かせません。

「情報」とは、グローバル化し、スピード化している経営に対応する、ＩＴを活用した情報化が経営に求められているということです。メーリングリスト・テレビ電話・ライン・

スマホ等を使っての社員とのコミュニケーションが普及してきています。

とりわけ私の社長経験からも、企業再生を成功させるためには、社員のモチベーションを上げること、そのために社員とのコミュニケーションが重要です。その体験を通して得た、社長と社員とのコミュニケーションの取り方のヒントを紹介しましょう。

すでにふれてきたように、私が新しく会社の社長として赴任後、最初にやることは、全社員との面接です。社員の履歴書を見ながら、その社員の生活環境、人となり、名前・所属を覚えるためです。

面接を通じて、社員の皆さんにも社長の人柄、考え方を知ってもらうのです。この面接で会社の問題点についていろいろな角度から期せずして情報が入ってきます。

要するに、コミュニケーションは「人」と「人」との「心のつながり」「信頼関係」が基本ではないでしょうか。私はそう考えて、社員とのコミュニケーションづくりに努めてきました。

② 挨拶はコミュニケーションの始まり

ひと昔前まで田舎では、お互い氏素性がわかっているので、顔を合わせれば「こんにちは」と、ごく普通に挨拶を交わしたものです。しかし、都市部では隣に住んでいる人とも面識がないことが多く、挨拶をすることがほとんどなくなりました。

日本人はシャイな人種のようです。知らない人とはあまり挨拶をしません。外国へ行くと知らない人からよく声をかけられます。どうしてでしょうか。

少し古い話になりますが、日経新聞（平成二〇年八月一二日夕刊）で、日産自動車相談役の小枝至氏が「エレベーターの中で」というコラムを書いておられました。

「オフィスビルでもマンションでも高層化が進んでいる。エレベーターの性能も向上しており、五〇階を一分足らずで昇降する能力を持っている。しかし運が悪いと、この一分弱を見知らぬ人と二人で過ごすことになる。この近すぎる距離感で会話もなく、気まずい空気が流れる。だが、外国、特に欧米では、多くの場合相手から話しかけてくる。言葉が通じない場合でも、ボディーランゲージで何らかのコミュニケーションを取ろうとする。一方日本人はお辞儀をするが、話をしない。国際化が進んで仕事でも日常生活でも外国人とのコミュニケーションの必要性が高くなっている今、我々日本人も以心伝心ではなく、言葉や態度によるコミュニケーション能力が求められています。」

社長は社員と良い人間関係を築かなければなりません。社長・社員の関係でなく、一人の人間として、まずしっかりと挨拶ができることが必要ではないでしょうか。

私が社長として赴任した会社の中には、朝、顔を合わせても挨拶をしない社員がいました。こちらから先に根気よく挨拶を投げかけることにより、お互い挨拶ができるようになりました。

こちらが心を開くことにより、相手も心を開きます。笑顔で接すれば笑顔が返ってきます。人間関係は一対の反射鏡です。　私が人間関係に関して紹介している詩があります。

人間関係は反射する鏡

イヤな面みず　ヨイ面みよう
イヤなこと思わず　ヨイこと思おう
人間関係は　よく磨かれた鏡
好きだと思えば　思われる
イイナと思えば　思われる
思った分だけ　返ってくる
人間関係は　よく磨かれた鏡
曇らないように　傷がつかないように
いつもいつも大切に
磨いておこう　私の鏡

（『ありがとう人間大好き学』清水英雄著より）

実践倫理を行動規範としている一般社団法人倫理研究所が組織している「倫理法人会」では、七Ａｃｔｓという「企業活性化の決め手」をつくっており、その一番、二番は次のとおりです。

一　挨拶が示す人柄、躊躇せず。先手で明るくハッキリと
二　返事は好意のバロメーター、打てば響く「ハイ」の一言

また、地獄の特訓で有名な「管理者養成学校」では、「良い印象を与える六ヵ条」を徹底して教え込んでいます。

良い印象を与える六ヵ条

一　挨拶をする回数である
二　笑顔の回数である
三　返事をする回数である
四　相手を褒める回数である

五　相手の目を見て、頷く回数である
六　声の大きさ、明るさである

いずれにしても、「挨拶」は良好な人間関係のスタートであることに、だれしも異論はないでしょう。社長と社員の関係においても例外ではありません。

朝、社員と顔を合わせたら、大きな声で、にっこり笑って「おはよう」と声をかけましょう。

そうすれば、社員も元気が湧きます。これは実証済みです。

③　朝礼による社員とのコミュニケーション

すでにふれたように、私は社長として赴任した七つの会社で毎朝朝礼を欠かしたことはありませんでした。あの松下幸之助さんも朝礼を欠かさず行い、一日を「社歌」の斉唱から始められたそうです。朝礼は、企業規模の大小にかかわりなく、大切なことだと思います。

私は、赴任初日にラジオ体操のカセットを持参し、ラジオ体操のあと、初朝礼を行うことを常としてきました。概ね朝礼の手順は、ラジオ体操、経営理念の斉唱（ほとんどの会社が経営理念を成文化していなかったので、経営理念の作成を最優先した)、各部門責任者よりの連絡事項、行動予定報告、社長の訓示という流れでした。

私が朝礼を最重要視したのには理由がありました。いずれの会社も私は再建の任を帯びて親会社よりの出向でした。いわゆる突然舞い降りてきた落下傘部隊です。社員にしてみれば、落下傘部隊の社長が何を考えているか、何をしようとしているか分かるはずもありません。しかも、良しきにせよ悪しきにせよ、旧オーナーとの関係はなかなか切れるものではなりません。

そこで、旧オーナーのほうに向いていた(あるいはオーナーのことなど無関心だった)社員を、新しい社長である自分のほうに向いてもらわなければなりません。そのためにも最初が肝心です。赴任第一日目の印象が勝負の分かれ目と考えて、朝礼に力を入れたわけです。

それだけにとどまらず、業績が低迷している会社の社員には、意識改革が不可欠となります。朝礼で経営理念を斉唱することにより、会社の方針・進路を社員の心に浸透させるのに役立ちます。社員の心を同じ方向へ向かわせるベクトル合わせです。

さらに、朝礼を行うことにより、遅刻者の防止、安全作業・安全運転の徹底、一日の作業の段取りの打ち合わせ、社員間の情報の共有等々、いろいろな面で効用があります。

一般社団法人倫理研究所が発行している「職場の教養」という冊子を輪読している会社が

沢山あります。この冊子は「一日一話」、身近な事例をあげて「今日の心がけ」をまとめています。たとえば「不惑の二〇〇〇本」という話では、当時阪神タイガースに在籍していた金本選手の二〇〇〇本安打を取り上げ、日ごろの努力の大切さを語っています。

この小冊子は社員教育の一貫として、大きな声を出す訓練にもなり、事例に対する感想を述べることで自分の考えをまとめる訓練にもなります。

④　日報による社員とのコミュニケーション

どこの会社でも、営業マンに日報を書かせています。しかし、この重要な日報を書かせていない中小企業もあります。私は社長時代、営業マンだけでなく全社員に日報を書くことを義務付けしました。

全社員に日報を書いてもらったのは、社員の動きを把握するためだけでなく、仕事上気づいたことを情報共有するためでもあります。現場（製造、倉庫、配達、工事等）の人にも書いてもらうことで、社長との距離を短縮させることができます。営業・配送の社員は自動車を使いますから、日報は運転記録も兼ねることになります。

そして、社員全員の日報にコメントを書いて返却します。人数が多くなると日報を見るのも大変です。ことに出張などして二、三日会社を空けたあとは日報の枚数が増えています。しかし、日報に社長が目を通しているということは、従業員にいい意味の緊張感を与えますから、社長たる者はいくら多忙だったたり、疲れていたりしても、きちんと日報を読んでおくことが重要です。

私は、日報に書かれたことはちゃんと覚えておきます。後日、本人と話をするときに、その後の動き、経緯を聞くことで、従業員は自分の日報を読んでくれていたと、言いっ放し、書き放しがなくなります。

日報には上司も一言書き添えるように指導することで、管理者教育にも役立てることができます。日報を常態化させるためには、未提出者をつくらないことがコツです。あいつは書いていないのだから、自分もいいだろうということになってしまいます。また、毎日ではなく、一週分まとめて提出する社員も出てきます。こうした悪い芽は早期に摘んでおくべきです。

細かなところでは、文字の汚い人には文字の練習を勧めます。文字の通信教育を受けさせるのもいいでしょう。そんなことまで、と思う人もおられるかもしれませんが、文字が汚いと読み違いが起こります。ビジネス文書の数字の読み違いは、会社の損失につながります。私は、あらゆる機会を捉えて、社員のレベルアップを図ることを考えました。

営業マン・配達員は取引先・消費者等と直接接触しているのですから、市場動向、顧客志向の変化、ライバル会社の動き、信用不安会社の動静などをいち早くキャッチできるはずです。そうした情報をキャッチするアンテナを磨いておくのは、日ごろからの教育にかかっています。

⑤ 会議による社員とのコミュニケーションの取り方

多くの会社の会議に参加してきました。だらだらと時間ばかりかけて何も決まらない会社もあれば、社長一人が最初から最後まで仕切って、会議とは名ばかりで単なる伝達の場になっている会社もあります。

会議の内容は会社によって異なりますが、共通している悩みがあります。開始予定の時間に全員が集まらないことです。夕方の会議の場合、営業マンは予定時間までになかなか帰社できません。こういう場合、私は、待ち時間の損失額の話をします。

たとえば、社員の給料が月額四〇万円とすると、一分あたり四〇〇千円÷（二二日×八H×六〇分）＝三六円。一〇人が一〇分待つと、その損失額は三六〇〇円となります。月二回会議があるとすると年間では、三六〇〇円×二×一二＝八万六四〇〇円と馬鹿にならない金額となります。

こうした考え方、コスト意識、「TIME is MONEY」を普段から徹底させることです。

私は始業が八時の会社の社長をしていたときは、朝の七時から会議をしました。朝礼が八時からはじまるので、効率よく会議をするように癖づけました。

『残業ゼロの会社』（ＰＨＰ文庫）『二分以内で仕事は決断しなさい』（かんき出版）の著者のトリンプ・インターナショナル・ジャパンの吉越浩一郎社長の話を聞く機会がありました。吉越さんの会社では、椅子無しで立ったままの会議が普通だそうです。会議時間は五分間。やればできるのです。

私の場合は、会議を社員教育の場として位置づけ、議題により会議の時間を長くしたり短くしたりと臨機応変に変えていました。情報交換だけでなく、モノの見方、知識の提供等々、社員とのコミュニケーションの場、教育の場として活用しました。

そのための資料の準備などに心を配りました。社長はこうした労を惜しんではいけません。

二言目には「出来ない」という社員がいます。「マイナス思考」より「プラス思考」へどのように転換していくかが、社員教育の鍵です。私は以下のような言葉を何度も口にして指導してきました。

出来る　出来る　必ず出来る
やる気があれば　必ず出来る
出来ないと思えば出来ない
出来ないと考えず　出来ると信じ
永遠に進歩したい
出来る　出来る　必ず出来る

⑥　社員の誕生日にメッセージを届ける

大企業に比して中小企業のよさのひとつは社長と社員の関係が近いということです。それでも社員の数が一〇〇名を超えるようになると一人ひとりと触れ合う機会が少なります。社長と社員の関係が近いということは、オンビジネスだけでなく、プライベートの部分にもお互いを理解し合うという意味で、かかわりをもつこともあります。

たとえば、私はある会社では、朝礼で、社員に誕生日に記念品を贈り、お祝いをしておりました。よい施策と思ったので、別の会社でも続けることとしました。しかし、社員が増え、事務所が離れていていると、社長自らがお祝いを直接手渡しすることが難しくなってきました。そこで、「社長からのメッセージ」を誕生日に届けることにしました。これを書くためには、一人ひとりのことをよく理解していないと書けません。普段からの準備が必要です。

次に紹介するのは社員に贈った誕生日のメッセージの一例です。

○○○○君（昭和○○年○○月○○日）

二六歳の誕生日おめでとう

毎日の仕事は楽しいですか？　充実していますか？　楽しく、充実した毎日を送ってくれていると思います。

入社時の面接の際、聞いたかもしれませんが、何故、愛知県から栃木の大学で学び、栃木の当社に就職したのですか？　私同様、長男であるあなたは家を継ぐ必要は無いのですか？

私は結婚と同時に家を出て社宅に入り、四〇歳の時、東京に転勤してきました。いつか故郷である三重県へ帰りたいとは考えていますが、子供が三人とも女子であり、三人とも結婚して家を出たので、無理に故郷へ帰る必要はありません。父親が健在ですが、弟が面倒を見てくれていますので。何故こんなことをいうのか。賢明なあなたはお分かりでしょう。

さて、あなたの毎月の売上はまだ五〇〇万円以下です。

五〇〇万円×粗利〇・一六＝八〇万円

で、まだまだ稼ぎが少なすぎます。自分の他に、間接要員を養っていくには、セールスマンは最低一〇〇〇万円以上売って欲しい。一〇〇〇万円売るにはどうすればよいか考えて下さい。入社三年目で、それは無理というのではなく、あなたならばできると思うからです。私の知人である二見道夫氏の『セールスの極意』を進呈しますのでよく研究して実践して下さい。

ところで、両親に手紙なり、電話なり時々便りをしていますか。親はいつも自分の子供の事を心配しています。幾つになっても子供は子供です。たまには、帰郷して顔を見せる事です。「親孝行しようとすれども親は無し」という歌があります。孝養を尽くして下さい。

なんだか、説教じみた事ばかりを述べたようですが、なにはともあれ、二六歳の誕生日重ねておめでとうございます。（以下省略）

⑦ 給与袋に「社長からのメッセージ」を入れる意味

私はどの会社でも、給与・賞与の支給日には、社員一人ひとりに面談をして手渡していました。頑張っている社員にはお礼をいい、問題のある社員には問題を指摘して改善してもらうように促すのです。こうした機会こそチャンス。無駄にせず、社員とのコミュニケーションを密にするために役立てました。

しかし、社員数が増え、事務所数が増えてくると、誕生日のお祝い同様に直に手渡するのが不可能になりました。そこで、「社長からのメッセージ」を給与袋に入れることにしたのです。

この方法は社員とのコミュニケーションを密にするだけでなく、もう一つ狙いがあります。給与袋にメッセージを同封しておけば、社員の奥さんにも読んでもらえるので、奥さんに会社に対する理解を深めてもらうことができます。ストレートにいえば、奥さんをこちらの味方につける作戦です。この試みは退社するまで続けました。

現在、私が顧問を務めている会社でも、この方式で「社長からのメッセージ」を始めていただきました。継続することにより、社長の思いが社員に徐々に浸透していきます。

一例を例示します。

社員の皆様へ

残暑が厳しい毎日ですが、日々のお勤めご苦労さまです。今日は楽しい給料日です。と言っても貰うのは、味気ない「明細書と空気入り給料袋」です。私も若い頃は、会計係の窓口で現金入りの給料袋をもらって嬉しかったことを思い出します。効率一辺倒の世の中となり、給料日も詰まらなくなりました。せめて、一人一人に、私から給料袋をお渡しすべきところですが、社員数も増え、支店もあるので、それも叶いません。そこで、今月から、給料袋に「社長のからのメッセージ」を入れさせていただくことを思いつきました。私の意のあるところを汲んでいただければと思います。（以下省略）

⑧ 合宿による幹部社員とのコミュニケーション

人間がお互いに理解し合うには時間がかかります。しかし、再建会社ではあらゆることが急を要します。そこで、考えついたのが合宿です。

係長、課長以上の幹部社員を招集して安宿を探して、合宿をするのです。（本当は全社員参加の合宿をしたいところなのですが）議題は、新年度の経営計画策定など、その時々の部門共通の課題とします。

議題ももちろん重要ですが、それ以上に重要なことは、参加者の本音を引き出すことです。今まで幹部クラスもお互い本音で話し合うことに慣れていません。焦らずに徐々に気軽に話し合う場の雰囲気を作りながら、話し合いを進めていきます。そのうちに本音が出はじめてきます。会議を終えて、お酒が入ればなおさら本当の本音を聞くことができます。

中小企業では、こうした幹部クラスの合宿はほとんど行われていません。多くの会社が経営計画すら立てておらず、社長、専務の指示のもと、部長、課長の幹部社員も指示通りに動いています。自部門、自課をどのように組み立て、運用していくか考えることがないのです。こうした「指示待ち」人間の集団では、わざわざ場所を変えて議論をする必要性を感じないのです。一方通行の上意下達で事足りてしまうからです。

私は、自分が社長在任中だけ経営が順調であればよいという考えではなく、退任後も持続可能な体制を作ることを念頭に置いて経営に当たってきました。そのためには、部課長の足腰を鍛える必要があります。

ＯＦＦ・ＪＴ（社外教育）も必要ですが、社員の本音が聞けるだけでなく、物事の考え方から学ぶ場として合宿が最適なのです。

再建会社における合宿という方法は、中小企業診断士としてクライアント会社にも提案し、成果を上げています。場合によっては、社長抜きの合宿のほうが本音を引き出せることもあるでしょう。

ただ、まとめ役がいないと議論の方向性が拡散してしまうので、適切な指導員（コンサルタント）のもと、実践するのがよいでしょう。

⑨　小集団活動と全社員大会による社員とのコミュニケーション

小集団活動とは

日本では一時期ＱＣ（品質管理）ブームが起こり、どこの会社でも小集団活動が盛んに行われました。私が社長に就任した一社で、取引先企業（ゼネコン）の推奨もあって、小集団活動を実践しました。各職場の問題点を取り上げ、その解決策を部門のみんなで考えるのです。

現在では、低成長、さらにマイナス成長と日本経済が低迷していくのと歩調を合わせたように、小集団活動のブームは去っています。しかし、小集団活動の成果を全社員を集めて発表することにより、社員の一体感の醸成には役立ったと思っています。

二〇〇六年にインドを訪問した際、トヨタ自動車や日本電装の現地工場を見学する機会がありました。現地では活発にＱＣ活動が行われ、日本の手法が海外でも根づいていることを知りました。

その前年には中国大連に進出している日本企業を見学しました。そこで、私は社長に請われて、工場従業員（中国人）のＱＣ活動の発表会の審査員を務めさせていただきました。その内容の充実ぶり、従業員の熱心さに感心させられました。うかうかしていると、中国企業は日本企業を追い越すではないかと、大いに考えさせられました。

この会社の社長は、大連工場の優秀グループを日本へ招待し、世界に広がっている事業所間でＱＣ活動の世界大会を開催する企画を練っているとのことでした。

この事例は、グローバル化している企業の事業所間のコミュニケーションを上手く取っている好事例です。

全社員大会

経営計画の目標達成には、いうまでもなく、全社員の協力がなければなりません。年度計画書を作成しても、幹部社員に渡すだけという会社が多いようです。これでは、全社員の協力を得ることは不可能だと私は考えています。

私が関係した会社では、年度初めに全社員を集めて、「年度経営計画発表会」を行いました。一年に一度ではなく、半期ごとに全社員大会を開催するのが望ましいでしょう。以下に紹介するのは、発表会式次第の一例です。

㈱○○○○　第○○期　年度経営計画発表会

日時　　年　月　日

場所

司会進行　総務部長

一	開会宣言	一三：三〇～一三：三〇	総務部長
二	経営理念・行動指針唱和	一三：三〇～一三：四〇	専務
三	前期実績見込みと反省点	一三：四〇～一四：一〇	常務
四	第〇〇期年度方針発表	一四：一〇～一四：四〇	社長
五	第〇〇期年度目標・計画骨子発表	一四：四〇～一五：一〇	専務
	（休憩）	一五：一〇～一五：二〇	
六	各部門方針・目標・計画発表		
	生産部	一五：二〇～一五」三〇	
	営業部	一五：三〇～一五：四〇	
	資材部	一五：四〇～一五：五〇	各部門長
	総務部	一五：五〇～一六：〇〇	
	経理部	一六：〇〇～一六：一〇	
七	表彰	一六：一〇～一六：二五	総務部長
八	社員代表　誓いの言葉	一六：二五～一六：三〇	社員総代

九　来賓からのお言葉　一六：三〇〜一六：五五　ご来賓
一〇　閉会宣言　一六：五五〜　総務部長

私が顧問をしている会社でも、こうした全社員大会を開催して、成果を上げています。クライアントの中には鉄筋加工取付け会社があり、現場取付け作業は「親方」の元に所属する「職方」と呼ばれる職人グループに請負わせるのが習わしとなっています。職人グループを束ねる親方を安全大会「新年会」といった名目で参加してもらい、会社の方針を伝える努力をしておられます。

ある空調整備会社では、全社員大会は欠かさず行っていますが、社員に経営理念、行動指針、年度計画、個人目標等を一冊のノートに纏めさせています。そのノートには月次の数字、四半期の数字、半期の数字を書き入れることができるようになっています。会議の際には、各自ノート持参を義務付けています。こうした地道な努力が報われて、会社の業績は順調です。

⑩　ＩＴ活用による社員とのコミュニケーション

ＩＴを活用した社員とのコミュニケーションの特徴を「経営が垂直から水平に変わった」

と表現された社長がいます。

その社長とは、私の出身地三重県の最大の酒類総合メーカー宮崎本店社長宮崎由至氏です。酒類業界初の週休二日制導入をはじめ、ユニークな経営を展開し、二〇〇一年三重県経営品質賞を受賞された会社です。ちなみに宮崎社長と私は出身高校の同窓であることが中小企業家同友会の会合で名刺交換をしてわかりました。

宮崎本店では、社員八〇名（パートを含む）全員にノートパソコンを与え、メーリングリストを使って、社長が発信したメールが、全社員に届く体制を整えていると聞きました。社長が社員に伝えたいことが直接全社員に瞬時に届きます。

また営業社員が「新規顧客と契約成立」とメールすれば、全社員にメールが届き、祝福のメールが飛び交うというのです。まさに、経営者、現場、営業、事務が一体となって仕事をしている様子を、宮崎社長は「経営が垂直から水平に変わった」と表現されたわけです。

情報化の進展は急速に進んでいます。パソコンやスマホも安くなりました。パソコンやスマホを活用して社内のコミュニケーション改革を進めている中小企業も増えてきました。

私は、永年杉並区商工相談員を務めてきましたが、杉並区では早い時期より職員にパソコンを一台ずつ配布し情報化を推進してきました。相談員にも与えられていて、区の大抵の情報をパソコンで見ることができます。個人情報に関する規制はもちろんありますが、作業の効率化には目を見張るものがあります。

私はパソコンの使用を条件に顧問を引き受けることにしています。効率が上がるからです。ある会社では、中古のパソコン・プリンターを私が買ってきてセットし、エクセルで売上管理が出来るようにしました。またある会社では、奥さん（経理担当）にメールのやり方を教え、資金繰りなどの支援が出来るようにしました。メールであれば、昼夜を問わず連絡がとれるからです。

パソコンを活用することで、外国にいてもチェックできますし、資金繰り表の添付をはじめ、原価管理、経理処理、給与計算等複雑な計算事務の処理等にかける時間が大幅に短縮できます。

⑪ インフォーマルな社員との付き合い方

社員とのコミュニケーションは、仕事上だけでなく仕事外もあります。つまりフォーマルな付き合いとインフォーマルな付き合いがあります。会社の人間との付き合いは仕事上だけと割り切っている社長や社員もいますが、仕事が終わって、食事をしながらの雑談がいろいろな情報の源泉となります。

私の場合、社長時代は単身赴任（千葉県、埼玉県、茨城県）でしたから、夜の時間に比較的余裕があり、社員とよく食事をしました。お酒が入れば、なお一層口も軽くなり、本音が聞けます。俗にいう「飲みニケーション」です。

私は、昼間は真剣に仕事に打ち込み、夜はリラックスして社長が社員と酒を飲むという緩急自在な生き方も必要だと考えています。ただし、社長が特定の社員ばかりとお付き合いをして「派閥」をつくることは絶対に避けるべきです。

某社の女性社長が夕方になると、社員を誰彼となく連れ出してレストランで飲み食いさせていました。会社が債務超過という状態のときにもかかわらず、自分が太っ腹な人間だということを見せて、言うことを聞かせようという腹づもりだったのでしょう。

せめて、自腹で社員を接待するのなら心情的にわからなくもないですが、会社の経費を使っての「飲みニケーション」はいただけません。本人はまったく自覚がなかったのですが、税務署に見つかれば現物給与とみなれることでしょう。こうした形でのインフォーマルな付き合い方は論外です。

二．社外とのコミュニケーションの取り方

前章では社内コミュニケーションの要諦についてまとめましたが、ここでは社外コミュ

ニケーションのコツについて述べます。

企業は規模の大小を問わず、直接・間接にいろいろなステークホルダー（利害関係者）とかかわりを持ちながら、活動をしています。その中でも事業活動に欠かせないのが銀行との関係です。

（1）銀行とのコミュニケーションの取り方

バブル経済崩壊後、金融機関を取り巻く状況は、合併、身売り等、それまで予想だにしなかった事態が起こり、金融機関の姿は様変わりしました。金融庁の介入により、不良債権処理に奔走し、担保があれば金を貸すという従来の融資姿勢はガラリと変わりました。

大企業では直接金融（株や社債を発行しての調達）が主流になっていますが、中小企業では今まで通り、金融機関からの借入（間接金融）に頼らざるをえないのが実情です。担保のない会社は「信用保証協会」の保証付きでないと融資を受けられません。それゆえ、金融機関との普段からのコミュニケーションが大切になるのです。

金融庁は、平成一五年三月、中小地域金融機関（地銀、第二地銀、信用金庫、信用組合）に対し、「リレーションシップバンキング（略称リレバン）アクションプログラム」を発表しました。これは、過度に担保に依存した融資体制を見直し、融資に際しては融資先企業の経営相談、経営支援、再生支援等の機能を強化することを要請したものです。

「金融検査マニュアル」による全国統一的な検査も頻繁に行われるようになり、今までのような馴れ合いでは通じなくなっています。どこの銀行にも店頭に「ディスクロージャー」誌が並んでおり、経営の「見える化」が推進されています。

全国の自治体は大抵「創業支援資金制度」を設けており、創業者はその制度を使って創業するのが一般的です。初めて銀行口座を開設し、信用保証協会の保証付きで融資を受けます。

その際に留意すべきことは、いかに銀行、保証協会が納得する事業計画、損益計画、資金繰り表を作成するかということです。「事業計画」では、自分の強み、事業への思い入れ、経営者の履歴等を文書にします。さらに、面接がありますから、諸資料を遺漏なく準備し、事業の成功率の高いことを証明する必要があります。

そこで問われるのが、まさにコミュニケーション力です。

（ちなみに、小口の融資だからと、都市銀行を頼っても相手にされませんし、たとえ受理されても審査に時間がかかります。例外として、銀行に顔のきく人の紹介でもあれば、スムーズに運ぶこともありますが、中小企業は身の丈にあった地銀、信金、信組等を選択することを薦めています）

事例一　再建会社の銀行取引を再建計画書が救う

私に、コンサルの要請があった会社は、銀行は追加融資不可、手形割引も不可ということで事業継続が危ぶまれる状態でした。私は、綿密な再建計画書を作成し、社長ともども銀行の支店長に面接しました。

支店長は再建計画書に目を通して「私が支店長に就任以来言ってきたことにやっと着手しましたね」と言われ、担当課長を呼んで支援を約束してくれました。今後は、毎月社長が月次試算表を持参して訪問することを約束しました。

銀行から言われたことに真摯に対応することは、コミュニケーションのキーポイントです。再建会社ならずとも、お世話になっている銀行には、月一度は訪問してコミュニケーションを深めることが当然の務めです。

事例二　銀行の情報力を利用する

バブル最盛期に社長として赴任した会社での事例です。この会社はガラス工事を主体として大手ゼネコンと取引がありました。何億円という物件を受注することがあります。この規模の物件になると、資金繰りに波が出て借入が必要になってきます。

そこで、私は、月に一度は銀行を訪ね、支店長、担当者とのコミュニケーションを密に取るようにしました。その結果、借入もスムーズに出来ました。

銀行取引を経理部長に任せきりの社長がいますが、こまめな銀行訪問は社長の大事な仕事の一つです。銀行にはあらゆる情報が集まっています。その情報を引き出して、商売に結び付けるのは、社長の才覚次第です。

銀行はお金を借りるだけのところではありません。私は、新しい施主の紹介など貴重な情報の入手に極力利用させていただきました。

(2) 仕入先等とのコミュニケーションの取り方

① メーカーとのお付き合い

「利は元にあり」と言われます。仕入先であるメーカー、問屋と親密な関係を構築することは、社長の仕事です。

ある代理店の社長はメーカーと親密な関係を築き、メーカーの優秀な定年定職者を自社に再就職させて、一〇年近く働いてもらっています。これは、メーカーにとっても、退職者にとっても、代理店にとっても「三方よし」ということができるでしょう。

反対に、メーカー出向者を不当に扱い、メーカーも二度と紹介しなくなるなど気まずい関係となり、自社で人材も育たず、経営困難に陥っている代理店もあります。その差はどこからくるのだろうと考えさせられます。

② 同業者との付き合い

同業者はライバルです、だから、付き合わないという社長を知っています。寂しい人だと思います。ライバルといっても、同じ仕入先を持つ同志でもあるのです。

私の体験を語れば、建材メーカーとして、T社、S社、SN社、TA社等とお付き合いをしました。T社では代理店会議の席次を仕入高順に決めるほどの厳しさを持った会社です。しかし、常に一歩先を見据えた経営を展開してしまいました。社員も優秀でした。

私は、T社の社員を通じて各地の代理店を紹介してもらい、お店を訪問し、積極的にそのお店の良いところを見習いました。T社にはそうしたオープンな社風がありました。

同業者とも積極的にお付き合いをして、切磋琢磨してお互いに成長していけばいいと、私は考えています。

（3）得意先とのコミュニケーションの取り方

①　お得意様訪問は社長一人で

あなたの会社ではお得意様回りは営業マンと同行ですか？

私は社長時代、たいてい一人でお得様回りをしました。社長が一人でお得意様を訪問すると、社員の動きについて聞きだすことができます。営業マンが同行していたら、いくらお得意様でも本人を前にして本当のことはなかなか言えないものです。

また、営業マンは売上を上げることで頭がいっぱいになってしまうことが多く、その店の経営状態までチェックする余裕がありません。その点、社長であれば、ちょっとしたことから経営の悪化を発見することができます。

社長の目で、お店を見てください。とりわけトイレをチェックしてみましょう。トイレの清掃の仕方で、その店の経営状態を知ることができます。まず経営状態のいい店のトイレはきれいに掃除されています。

一人歩きは、良いことずくめです。集金回収のお店で売掛金が滞っている店がありました。私が支払を催促したら「冗談じゃない。ちゃんと払っている」という返答で、営業マンの不正が発覚した事例もあります。

② お得意様との勉強会

Ｏ社の社長時代に、二ヵ月に一度の割合で会社の会議室に講師（弁護士、公認会計士、中小企業診断士、経営コンサルタント、発明協会理事等）を呼んで、勉強会を行いました。勉強会には御得意様だけでなく、社員も参加させました。仕事以外の話、世の中の動向、異なった業界の話などを聞く機会が少なかったようで、お得意様には予想外に評判がよく、八年以上も続きました。

お得意様とは運命共同体、共存共栄の関係という基本的な認識からスタートしたのですが、お客様に会社へ来ていただくことにより、一段とコミュニケーションが密になりました。

③ ゴルフ会・家族会

お得様を集めてゴルフ会を開催することは、珍しいことではありません。社長として赴任した再建会社では、ゴルフ会を開く余裕がないどころか、社員にゴルフ禁止令を出しました。しかし、会社が黒字化したあとは、好調さをアピールする意味からも、お得意様とのコミュニケーションを再強化するためにもゴルフ会を再開しました。

また、私が関係した工務店では、毎年秋に、社員とその家族、お得意様、協力業者併せて約七〇〇名を集めて大運動会を開催し、継続されています。たかだか二〇数名の会社でこれだけの人数を集められるということは、この工務店に対するファンがいかに多いかということを実証しています。お得意様とのコミュニケーションがあればこそ可能になったことです。

こうした地域に根差した日々の活動の成果が、今後もこの工務店をささえていくことでしょう。

第五章　社員教育こそが会社を強くする

一・「人こそ企業」

社員を見る目には三つの見方があります。

人財…人を財産と見る
人材…人を消耗品と見る
人罪…人を月給泥棒と見る

「企業は人なり」とよく言われます。では、この場合の「人」とはだれのことでしょうか？私はこの場合の「人」とは「経営者」のことだと解釈しています。

社員がいなければ会社は成り立ちません。社長一人の力は知れたものです。そこで、私は、企業と人を逆転させて「人こそ企業」と言っています。人材は消耗品ではありません。人は財産です。人財です。人財であるがゆえに、社員満足（Employee Satisfactions）が経営の要諦と認識しています。

二．人財の方程式

人（ゼロ即ち無教育×無訓練×無気力）×物×金＝成果ゼロ

人（やる気×知識・情報・知恵×目的意識）×物×金＝成果無限大

この方程式は、会社はいくら立派な建物や設備を備え資金があっても、人が「ゼロ」であれば動かない、会社は変わることがないことを示しています。言い換えれば、会社は人（社長と社員）で変わるのです。

三．「やる気」を引き出す

「やる気」という言葉がよく使われますが、抽象的でよくわかりません。しかし、成果を示して説明するとわかりやすくなります。たとえば、万年ダメ虎といわれた阪神タイガースが星野監督ものとで見事優勝しました。風前の灯だった日産自動車がゴーン社長になって見事に復活しました。

その源泉は何だったのでしょうか。もちろん、星野監督、ゴーン社長の手腕があって可能になったことですが、指揮官の思いを形にしたチーム、社員の「やる気」こそが源泉といえるのではないでしょうか。

私も破たん企業の「ダメ人間」を活かして、企業を再建してきました。ダメ人間（人罪）も優秀な人間（人財）も実は紙一重です。いくら優秀でも、やる気がなければダメ人間以下であるという事例を沢山見てきました。

私はダメ人間の中に眠っている、やる気を引き出すことこそ、人と人とのコミュニケーションの巧拙ではないかと考えています。

私が、再建会社で行った施策の中から、社員とのコミュニケーションに成功したヒントを以下に紹介します。

四. 自己申告による退社予防

自分のやりたい仕事を申告する自己申告書（次頁サンプル参照）を提出してもらいました。好きなことには、だれしも「やる気」が出ます。「好きこそものの上手なれ」です。社員は面談ではなかなか本音を話してくれませんが、なぜか自己申告書には本音を書きます。自己申告書を書いて、封をして社長に直接出してもらうことによってその社員が日ごろ考えていることがわかったという事例を沢山経験してきました。

特に、反りの合わない上司がいる場合、そのことに気づかずに放置しておくと突然辞表提出、退社という事態が起こります。そうした意味からも、年に一度自己申告書提出を施策に組み込みました。

五. 給与により「やる気」を出させる

私が赴任したいくつもの会社で、給与規定はあるにはあったのですが、規定どおりに運用されていませんでした。そこで、給与規定をつくり直し、社長の依怙贔屓なお手盛りではなく、自分の給与・賞与が計算できるようなオープンな規定をつくりました。

別の会社では、あまりにもひどい状態だったので、就任したその月末の給与から改定し

自己申告書（例）

C. 自己申告書（上級用）

記入上の注意
1. 黒のインク、ボールペン又は、HBの鉛筆で記入して下さい。
2. 回答欄に□があるものは、該当する□1つに✓をして下さい。
3. 記入後は封入して「自己申告書在中」と表記の上、各課長がまとめて人事課へお送り下さい。

年　　月　　日記入

身上欄

個人コード　氏　名	現　所　属	生　年　月　日	入　社　年　月　日	勤　続
	部　　課	年　月　日満　歳	年　　月　　日	満　　年　　月

イ　家族状況	ロ　住宅状況	ハ　健康状態
家族構成＿＿＿名 内訳＿＿＿＿＿＿	1．□親の家　2．□持家 3．□アパート、公団　4．□寮、社宅 5．□その他	1．□良好 2．□ふつう 3．□不順↗ 状況 { }

職務記述

二　担当職務名と担当してからの期間は	ホ　その職務の質は	へ　その職務の量は
＿＿＿＿年＿＿＿＿月	1．□むずかしい 2．□ややむずかしい 3．□適　当 4．□ややややさしい 5．□非常にやさしい	1．□多過ぎる 2．□やや多い 3．□適　当 4．□ややすくない 5．□まったくすくない

ト　その職務と自己の適性は	チ　前項で、3□に✓された人、それは	リ　前項に答えた人、それに対する処置は
1．□非常によく合っている 2．□適していると思う 3．□問題がある	1．□知識、経験が足りない 2．□職務に興味がもてない 3．□性格的に合わない 4．□その他	1．□仕事についてもっと勉強したい 2．□もう少し時間がたてば解決する 3．□職務を変更したい 4．□その他

異動欄

ヌ　異動について	ル　異動希望の理由	オ　希望する職務、勤務地
1．□即時異動を希望する 2．□近い将来（1～2年中）に異動したい 3．□4～5年は、今の職務を続けたい 4．□希望しない	1．□いろいろな職務を経験したい 2．□今の職務に適性がない 3．□自分の個人的な事情から 4．□その他	（職務）　（勤務地） 第一希望　＿＿＿＿　＿＿＿＿ 第二希望　＿＿＿＿　＿＿＿＿

自己評価欄

過去1年間の職務遂行度合いを冷静に自己評価して下さい。

ワ　積極性について	カ　責任感	ヨ　経営意識、感覚	タ　ミドルとしての行動及び態度	レ　指導、統率力（専門職）（管理監督職）
1．□十　分 2．□まあ十分 3．□普　通 4．□やや不十分 5．□不十分	1．□強かった 2．□やや強かった 3．□普　通 4．□やや弱かった 5．□弱かった	1．□常に念頭においていた 2．□まあ十分であった 3．□普　通 4．□多少不十分であった 5．□不十分であった	1．□抜群と自負している 2．□自覚しているつもり 3．□普　通 4．□多少だらけた 5．□だらけてしまった	1．□自信がある 2．□まあ自信がある 3．□普　通 4．□少し劣る 5．□自信が持てない

目標欄

今後1年間の目標設定について		ネ　現在保有の資格は
ソ　職務や資格に関することでは	ツ　私生活上では	

自由記述欄

ナ　以上で書き足りない点や、要望、意見等、あるいは個人的に会社に知っておいてもらいたい事情等、何でも結構です。自由に記述して下さい。

（賃金管理研究所資料より）

ました。これには旧オーナーの影響を排除する（これからは新社長が給与を決めるぞというアピール）ねらいもありましたが、それほどに無茶苦茶な実態だったのです。オーナー会社では、社長の裁量一つで給与が決められる事例を沢山見てきました。

六．決算賞与は魔法の杖

私は、就任時に営業利益が黒字化したら、賞与を支給する約束をしました。経常利益の黒字化までは日数を要し（多額の借入金があるなど、営業外収支の改善には時間を要する）ますが、営業利益段階での黒字化は就任一年目で、どの会社でも達成しました。賞与の金額の多寡ではなく、万年赤字会社が黒字転換したことに、社員はやればできると感激してくれました。

これらの施策は、みな社員のやる気を引き出す一つの手段です。今まではいくら働いても、オーナーの懐を肥やすだけ、適当にやっておけばいいという発想から、稼げば自分たちの懐が膨らむということを実証することで、社員たちは一生懸命に働いてくれました。

七．生涯生活設計により社員の成長を支援する

個人別に生涯生活設計（私のライフプラン）を作成してもらい、それに基づいて個人面談

をしました。人は、だれでも成長を望んでいます。資格取得を奨励し、目標にチャレンジしてもらいました。

その折、私自身、もっと若い時期にこうしたライフプランを立てて置けば、違った人生を送れたのではないかということに気づきました。

また、ある日、朝礼で資格の話をしていて、私自身が何も資格を取得していないことに気づいて、その場で中小企業診断士の資格受験を宣言しました。こうした社長の姿勢を見せたことで、皆も刺激を受けたようでした。社員の中から二級建築士の資格を取得し、設計士として独立した人が現われました。

仕事に直結する資格には手当を支給することとし、社員のレベルアップを図りました。資格手当は、クライアント会社でも実行してもらっています。

八．個人目標の設定

生涯生活設計と関連づけながら、期ごとに個人目標を設定してもらい、フォローアップを行いました。人間は目標がないと動けない動物です。二〇二〇年に東京オリンピックが開催されます。オリンピック出場を目指して多くの若者が日夜研鑽を積んでいます。オリンピック出場という目標があるから頑張れるのです。

氏名＿＿＿＿＿＿＿＿日付＿＿＿＿＿＿＿＿

生涯生活設計（私のライフプラン）

目標・項目		方法・その他						
			年号					
			年齢					
			勤続					
仕事面	・担当業務							
	・役職							
	・目標・標的							
家族	妻（年齢　）							
	第一子（　）							
	第二子（　）							
	・家庭内の予定行事							
生計計画	・給与（退職金）							
	・支出計画							
	・貯蓄残高							
キャリア開発	・現有資格							
	・自己啓発の計画							
	・資格取得計画							
趣味・その他	・現在の趣味とその経歴							
	・これからやってみたい趣味・研究							
健康管理	・病歴							
	・予防と健康管理計画							
その他								

（筆者作成）

先に、O社で「スパルタカス」に研修に出した社員が「五年後の自分はこうなっている」という目標を立てたのですが、五年後に検証したところ、全員が目標を達成していた事例を書きました。富士山登山が盛んですが、山頂を目指すから登れるのであって、山頂がなければ、面白くない山です。ということで、社員各人に「自己目標管理誓約書」（次頁サンプル参照）を出させて、成長を促しました。

九．海外旅行により広い視野を養う

OT社では、売上成績が今一つ伸び悩んでいました。そこで、社員を動機づけるために、目標を達成したら海外旅行に連れて行くと公表しました。二年後に目標を達成し、約束通り全社員でサイパン旅行を実施しました。

「餌をぶらさげて人を釣る」のは、あまり感心した方法ではないとする考えもありますが、時と場合によっては、社員のやる気を引き出すために、こういう方法もあるということです。

岐阜県に本社のある、社員八〇〇名の電気設備資材メーカー「未来工業」という会社は、年間休日が一四〇日、残業は一切無し、七〇歳定年等従業員にとっては実に働きやすい「ホワイト企業」です。この会社は、数年に一度全社員が一度に海外へ、例えばエジプトのピラミッドを借り切るといった、大旅行を行っています。「常に考える」が社是で、こうした視察旅行が改善提案年間一万六千件出るという会社へと繋がっています。広い視野を社員に持たせるために、社員に海外旅行をさせ視野を広げさせることを考えましょう。

第六章　採用と人材育成は社長の大事な仕事

一・成長実感のある会社の風土づくり

日本は今まで経験したことのない人口減少時代に突入しています。団塊の世代の大量退職が続き、職場のベテランがどんどんいなくなっています。一時期、非正規社員（パート、アルバイト、人材派遣）花盛りでしたが、非正規社員の雇用も頭打ちになったようです。

厚生労働省の調査によると、新規大卒者（大学院を含む）が入社三年以内に転職する割合は三五・七％となっています。（平成一八年調査）以前は単に「今の仕事が嫌だから」「上司と合わない」といった身近な理由が転職の大きな理由でしたが、近年は「会社の方針が違う」「将来のイメージが違う」といった理由で辞めることが多くなっているようです。

グローバル化の進展で、経営環境の変化が激しく、会社に頼れない時代となっています。

年　月　日 ～ 年　月　日

期待される成果	測定方法	上役等へ援助してほしい事

所　属		氏　名
部	課	

自己目標管理誓約書（例）

自己目標管理誓約書

改　善　目　標	実行計画（なるべく詳しく具体的に）

＿＿＿＿＿＿＿＿殿、上記自己目標を完遂することを誓約致します

＿＿年　　月　　日

そこで、この会社にいれば自分は成長できるという「成長実感」が、会社に残るかどうかの判断基準となっているのです。

優秀な人材を確保するためには、上からの指示が無くても自分で考え、工夫し、実行できる「自立型人材」を育てる仕組みと環境がその企業にあるかどうかが問題になってきます。社長の考え一つで、社風が変わり、社員のやる気が出ます。つまり、定着率が向上するのです。

二．採用は全社的問題である

採用は、人事部、人事担当者だけの問題ではありません。採用時にだけ力を入れても優秀な人材を採用することはできません。

普段から、父兄、学校関係者、就職希望者等々から、会社の情報・品格は見られています。店舗、社員の行動、会社の車両、問い合わせ時の電話等の対応などから品定めされています。採用には、会社の周辺の人々との日常のお付き合いが物を言うのです。

私が社長を勤めたH社は、地方の有力会社でした。苦境に陥り、うわさが広がっていたので、私が社長に就任した直後はなかなか採用ができませんでした。会社が整備され、経営が軌道に乗ったら、人の採用も容易になりだしました。

終身雇用制が崩壊したといっても、社員一人採用し終身勤めると仮定すると、その社員に億単位のお金を払うこととなります。

人を採用するということは、大げさに言えば社運を左右する大きな買い物なのです。だからこそ、採用は人事部や総務部に任せっぱなしにすることなく、社長自らがタッチすべき問題だということを肝に銘じてください。

東京中小企業家同友会（昭和三二年設立、昭和四四年全国協議会誕生）という組織があり、毎年共同採用の場を提供しています。この共同求人の会場に行くと、儲かっている会社の社長は皆会場に張りついています。いかに優秀な人材を獲得することに真剣かということを認識させられます。

求職者、就職希望者も社長の人柄、熱意に惚れて応募してくるものです。求職段階から将来の社員となるべき人とのコミュニケーションを大切にしたいものです。

三．中途採用と女性の活用

中小企業では、新卒者を採用して育成する時間と資金の余裕がないのが現状です。中途採用で十分です。いまどきの高齢者は元気です。私が関係したO社での実例です。金融機関のフロアーマンで良く気の利く高齢者がいました。支店長に何時退職ですかと尋ねたら来年三月、六〇歳で定年とのこと。その場で支店長に当社で採用する旨を伝え、翌年四月に採用しました。電気工事士他の資格保持者で、八〇歳まで二〇年間働いて、数年前に退職したと聞いています。

ＯＴ社での実例です。経緯は忘れましたが、本社所在地に住んでいて地銀で次長まで勤め上げた方が地元で再就職先を探していました。地銀人事担当者と交渉して、一年間の出向扱いで採用しました。対外折衝、人材採用、社員教育の面で活躍して頂きました。二、三年間働いて頂いたと記憶しています。

女性は元気がいいし、優秀です。少子高齢化時代を迎え、子育てしながら会社勤めができる体制を、中小企業といえども整える必要があります。国も自治体もやっと重い腰を上げて、少子化対策を考え始めましたが、国や自治体を頼りにせず、独自の施策を講じて、女性の労働環境を整えましょう。そうすれば、優秀な女性社員を確保できることは間違いありません。

今、各地で「コミュニティビジネス」が広がっています。地域の問題事、悩み事を解決しようという草の根運動です。「子育て」「食育」「環境問題」等々、主に女性が立ち上がっています。こうした運動とコラボして、女性社員を支援することも考えましょう。

四．就職希望者はネットで就職先を検索

中小企業にも、大卒者が入社するのが当たり前の時代です。いまどきの学生は就職先をネットで探索しています。したがって、中小企業も自社のホームページを整備充実させることが必須となっています。

ホームページで、社長の思い、会社の強みをいかにアピールするか、そこから学生と会社との直接コミュニケーションが始まります。

五．新入社員教育の重要性

私は社長時代、新入社員教育には、時間を費やしました。はじめに「天秤の詩」というビデオを見せます。これは近江商人の息子が「なべ蓋」を行商し、商売の原点を知る物語です。物を売るのではなく、自分を売るという、商売の原点を勉強してもらいました。そして、ビデオを見てもらったあとで、感想文を書かせます。

次いで『こんな先輩を見習うな』（ＰＨＰ文庫）という仕事の基本、会社の基本を書いた本をテキストとして、「会社とは何か」「ビジネス・エチケット」等を勉強させます。

こうした基本の学習とともに、社長の考え、経営理念についても腹に収まるように話を

します。

その後、各部長に経理の話、商品の話、業務の話など、会社の具体的な仕事についての講義に移ります。これは社員と管理者の「意思疎通」の一環です。

価値観の共有
会社は全社員が同じ方向にベクトルを合わせて進めば、大きな力となるのです。ベクトルを合わせるということは、価値観を共有するということです。

たいていの会社は「社是」「社訓」をつくっています。しかし、つくれば済む問題ではありません。社員の腹に収まらなければ意味がありません。「絵に描いた餅」に終わってしまいます。

価値観の共有は時間をかけて、何度でもくり返して徹底して刷り込まなければ、実効力をもたないのです。

セブンイレブンの鈴木社長（現在は会長）は創業以来毎週全店の責任者を集めて全体会議を行い、社長の思いを直接伝えているということです。価値観を共有するということはそれほど手間暇の掛かることなのです。

また、「コンプライアンス」という言葉をよく聞くようになりました。「法令遵守」のことです。見つからなければ、法令違反をしてもよいという考えは通用しなくなっています。企業による不祥事の露見はすべて内部告発によるものです。「公益通報者保護法」という内部告発した労働者を保護する法律ができていることをご存知ですか？　近年、内部告発に対する日本人の考えがだいぶ変わってきています。

私の顧問先で、製品をトラックに積み遠方へ出荷したのですが、積荷の高さが三・五メートルを超えていて新幹線のガードレールに激突、製品は大破しました。これまでも制限の高さを超えていても問題が起きなかったため、つい気を緩めて起こった事故でした。

こうした法令遵守も価値観の共有とともに、基本的認識として社員で共有しておきましょう。今や「内輪の論理」だけで、企業経営はできなくなっています。

「掃除哲学で有名な鍵山秀三郎先生の書かれた示唆に富んだ『良樹細根』『大樹深根』」という小冊子があります。大木は地中深く細い根を張り巡らしているから、台風が来ても倒れないのです。反対に「砂上の楼閣」という言葉があります。土台無しの建物が長く立っていられるでしょうか。社員を基礎から、愛情をもって鍛え直すのが、社長の仕事です。

第七章　起業成功のポイント（講義の要旨）

一．起業とは

「自分が抱いてきたビジネスの夢を実現するために、新たに業（ビジネス）を起こすこと」と定義しましょう。

二．ビジネスの基本要件

①「お客様第一」　ＣＳ　＝　Customer Satisfaction

創業者は、つい自分一人よがりになりやすい。心しましょう。お客様に買って頂く、使って頂く、喜んで頂く「商品・サービス」を提供することが商売の鉄則です。プロダクトアウト、マーケットインという言葉があります。

プロダクトアウト……良い品だから売れる筈、喜んでくれる筈という思い込み。

マーケットイン……お客様のニーズは何処にあるか、お客様の視点で考える。

起業者は往々にして、自分の考えた商品・サービスが最高と考え易いので、気をつけたいものです。

② オンリーワンの商品・サービス

人真似でない、独創的な商品・サービスを創造することが肝心です。

三．起業成功のポイント

① 目標・ビジョンが明確

自分が思い描いた夢実現の為の起業であるかどうか、失業したから何かやろうかいうような曖昧な動機で起業すると失敗する確率が高くなります。「オリンピックの選手になる」「富士山に登頂する」といった、確かな目標があるかどうかが成否を分けます。上手く行かないと簡単に諦めるので無く、夢実現の為に粘る必要があるのです。執着心が重要です。

② 計数感覚

経営は数字が基本です。売上計画、資金計画、損益計画等総て数字です。数字に疎くては成功は出来ません。自分が駄目なら、誰かアシストする人が必要です。中小企業では奥さんがその役目をする事例が多く見られます。

③ 自己資金があるか

商売には「種銭」が必要です。私が関係した、美容室創業者は、二年間、今働いている美容室で朝は一番、夜は最後迄働いて、二年間で二千万円稼いでから自分の店を持ちました。容易に融資に頼ってはなりません。無借金経営が一番です。

最初に店舗設営に大金を注ぎ込まないことです。「小さく産んで大きく育てる」という知恵を働かせましょう。

④ 情報収集力

起業に必要な業界情報（特許情報・許認可情報）を調べているか。現時は、グローバル時代です国内だけの競争ではありません。ＩＴの活用は必須です。必要なプロボノ（各分野の専門家の職業上持っている知識・スキルや経験を活かして社会貢献するボランティア活動）を活用することが考えられます。

先に紹介したウオームハート（株）の西尾社長は創業前にアメリカ市場の調査に出掛け、広く世界的見地から事業を展開して成功されました。

⑤ 創造力を磨こう

考える癖をつけましょう。「三上（さんじょう）」という言葉をご存じですか。

馬上（ばじょう）（馬に乗って考える。現在では車を運転中ということでしょう）

枕上（ちんじょう）（文字通り枕の上で考える、潜在意識は朝方活発に働きます）

厩上（トイレという個室で考える）

時間が無いのではありません。人は何時でも考える時間は作ればあるのです。

⑥　人脈があるか

創業すると分からないこと、知らないことが次々と出てきます。その時、チョット相談出来る人が何人いるかです。私が社長をしていたとき大変助かったのは、高校の同級生であった、弁護士・公認会計士でした。電話一本でどんなことでも直ぐ相談出来、随分助けられました。貴方は年賀状を何枚出していますか？　何人のメールアドレスを知っていますか？　事業をして行くには、税理士・社会保険労務士・行政書士・不動産業者等が必ず必要なことが起こってきます。そのために、商工会議所・商工会・法人会・中小企業家同友会・倫理法人会等に入会し、そうした士業の方々と知り合いになっておくことです。必ず役にたつ時がきます。

⑦　約束を守れるか

人と交わした約束を守っているか？　特に時間の約束を守っているか？　借りた金は期日までに返しているか？　商売は信用の上に成り立っています。信用力を着けるには日々の振る舞いが元です。信用を築くには時間が掛かり、信用を失うのは一瞬です。

⑧「健全なる精神は健全なる身体に宿る」

肉体に何か故障があると、人間はつい弱気になります。マイナス思考に陥ります。常に健全な肉体を保つことを心掛けましょう。創業時においては特に注意しましょう。オンとオフを使い分けましょう。

⑨家族の協力があるか

家族の理解無く創業したら必ず失敗します。家族全員の協力を得て船出すべきです。「夫婦は一対の反射鏡」という言葉があります。夫婦の支えがあってこそ創業という大事業は成就すると考えましょう。私は、「職場は戦場、家庭は憩いの場」と云っています。人間は朝から晩まで緊張のしっぱなしでは何時か潰れてしまいます。家庭という憩いの場が必要なのです。

⑩地域特性を研究し、地域にあった商売をしましょう。

商売の場合、地域特性を良く研究し、良い立地を選びましょう。商店街で開店する場合には、商店街の皆さんの力を借りましょう。地域にあった商売が大切だとは、成功者の一致した感想です。

おわりに（企業よ永遠なれ）

昭和五九（一九八四）年に、日経ビジネスが「会社の寿命（盛者必衰の理）」を出版、「会社の寿命は三〇年」というデータを発表し、世間の注目を集めました。身近な処ではあの飛ぶ鳥を落とす勢いであった「シャープ」が今苦況に喘いでいます。ダイエー、カネボウも没落しました。

諸外国に比べて日本には長寿企業が多いと云われています。創業一〇〇年以上の企業が二万七三三五社（平成二六年度調査）あると、帝国データバンクが発表しています。

企業はゴーイングコンサーン（継続企業体）といわれています。企業が死ぬと云うことは倒産を意味します。先に述べたように日本では、毎年一万数千社が倒産しており、廃業率が創業率を上回り企業数は減少しつづけています。私はこうした流れに逆らって、中小企業の「赤ひげ」として、企業再生に尽力して来ました。無駄な努力だったのでしょうか。決してそうとは思いません。

巨人軍の長嶋選手が、引退するときに「巨人軍は永遠に不滅」といって去って行きました。企業は永遠でなければなりません。努力次第で一〇〇年も二〇〇年も一〇〇〇年も永続出来るからです。諦めてはなりません。

しかし、企業は脆い物です。昔の人は「築城一〇年、落城一日」と云いました。私が関係したH社で、過去の累損を完全に解消するまでに、私の後を継いだH君、N君、K君と三人の社長が努力して、一〇年を要しました。悪くするのは一瞬、良くするには時間が掛かります。

「企業は人なり」と云います。人＝経営者と理解しています。民事再生を申請した日本航空が稲盛和夫会長のもと、短時日のうちに再上場出来た事例は正に「企業は人なり」といえます。このことは本文中に詳しく書きました。

一方企業は「人こそ企業」だと信じています。従業員次第です。O社では、私が採用し、教育した人材が部課長となり、バブル崩壊後も立派な成績をあげ、関係会社の中でも光った存在となっています。

同僚の中小企業診断士の皆さんには、グローバル化・IT化が益々進展することが必定の時代、環太平洋経済連携協定（TPP）が発効すると、あらゆる分野で更にグローバル化が進展し、変化に対応出来ない中小企業が困窮することが予想されます。ヒト・モノ・カネに乏しい中小企業の経営者を真剣にアシストして頂きたいと心底よりお願い致します。

日本は、少子化・高齢化が進展し人口減少時代に突入しました。今まで経験したことのない困難な問題が起こって来ます。行政に代わりＮＰＯ法人、市民活動団体の出番が期待されています。私は現在、ＮＰＯ法人の代表として活動していますが、ＮＰＯ法人も企業同様組織体です。企業経営と同じ原理で動いています。中小企業診断士はもっと積極的にＮＰＯ法人に関与して頂きたいと考えております。

本書では、何件もの事例を取り上げました。倒産や廃業して、この世に存在しない会社もありますが、見事再生して存命している会社も取り上げています。個人情報保護には、最大の注意を払い、取り上げさせて頂いた会社にご迷惑が掛からないよう、また、社名が特定されないよう留意を致しました。何かお気に召さないことがありましたら、どうか、後に続く後輩会社のための糧になればとの立場で、平にご容赦下さいますよう宜しくお願い申し上げます。

本書出版にお力添えを頂いた、石井健次様、金融ブックスの白滝一紀社長様、湯浅三男部長様、志村昌彦様に深甚の謝意を申し上げます。

最後に、私を産み育ててくれた今は亡き父母、また、家庭を顧みず仕事に明け暮れた私に代わり、家庭を守り三人の娘を立派に育てあげてくれた妻に対し心からお礼を言います。

【著者プロフィール】

味香興郎（あじか　おきお）
中小企業診断士・ターンアラウンドマネージャー
1932年生まれ、三重県四日市市出身。三重県立四日市高等学校。名城大学第2商学部商学科。

マネージメント・サポート・あじか　代表。NPO法人CBすぎなみプラス　代表理事。NPO法人　杉並中小企業診断士会　顧問。一般社団法人　業種業態ソリューション研究会　理事長
一般社団法人　経営実践支援協会　理事

著書：「利益計画　ここがポイント」編著：「超業種別把握法」「業種把握読本」

連絡先
マネージメント・サポート・あじか
　携帯：090-2548-5652　Mail：msajika2013@ybb.ne.jp
一般社団法人　経営実践支援協会
　電話：03-3377-4845　Mail：kazuoishikawa@live.jp

中小企業は社長で決まる

2015年11月24日　第1刷発行

著　　者　味香興郎
発　　行　悠雲舎
発 行 者　白滝　一紀
編集協力　志村　昌彦
発 売 元　金融ブックス株式会社
〒101-0021
東京都千代田区外神田5-3-11
電話　03（5807）8771（代表）

悠雲舎のホームページ
http://www.yuunsha.jp

ISBN978-4-904192-67-2　C3033

印刷・製本　新灯印刷株式会社

落丁・乱丁本はお取り替えいたします。